«Como parte de mi trabajo,
sobre las experiencias espirit
a un lado. No cabe duda de
se preparan los agonizantes ȷ

MW01247671

hermoso que nos ayuda a saber lo que quizá suceda en nuestro propio viaje, a la vez que da aliento, esperanza y fe al comprender que la muerte es el paso hacia la nueva vida».

Dr. Francis MacNutt, cofundador y director de *Christian Healing Ministries* y autor de varios libros, incluyendo *Sanación*

«Tuve el privilegio de conocer a Trudy Harris cuando comenzó su destacada y deliberada misión de apoyar la vida en su parte final. La animé a que siguiera una preparación formal como enfermera a fin de ampliar su don innato de compasión y habilidad a la hora de brindar apoyo y alivio a los enfermos terminales y sus familiares. Su libro es un aporte significativo a la literatura debido a su énfasis en las dimensiones espirituales de vivir cada día a pleno hasta el final. Las historias narradas reflejan la comunicación que tiene lugar al final de la vida entre el moribundo y quienes le cuidan».

Paul Brenner, maestría en divinidades; director general de los programas de centros de atención para enfermos terminales en Florida, Maryland y Nueva York; consultante del proyecto *Healing*, San Francisco, California

«Mientras leía este libro, lloré, reí y pensé... en mi propia mortalidad. La historia de la abuela me llegó al corazón de verdad. Mi madre, con casi ochenta y nueve años en ese entonces, y con unos aparatos ortopédicos de titanio implantados en forma quirúrgica para ayudarla a caminar con las dos piernas fracturadas, durante sus últimos días buscaba a sus padres por los pasillos del centro de asistencia. Tal vez bastante confundida, parecía segura de que los encontraría mientras caminaba por los pasillos las últimas veces. Pienso que lo más probable es que buscara a Dios, y a Él fue a quien encontró en realidad.

»Esta colección de historias trasciende las generaciones y el tiempo. Además, pone de manifiesto el porqué los centros de atención para enfermos terminales es cada vez más importante año tras año. ¡Somos tantos los esparcidos por el mundo en lugares lejanos! Al final, muchos estamos casi solos por completo. Ya fallecieron los parientes y los viejos amigos. Otros parientes y amigos ocasionales han encontrado nuevos rumbos que transitar. Este libro pinta un cuadro de esperanza al final del camino, mientras Dios encuentra una vía para aligerar nuestros temores y cargas en el momento de dejar este mundo.

»Nadie sabe más acerca del proceso de trascender nuestra propia muerte que Trudy Harris. Y este libro pinta un cuadro muy vívido. La historia de la pequeña Lorrain, que dejó esta tierra solo unos pocos meses después que naciera y que pasó su última noche durmiendo con sus padres, me conmovió de manera profunda. Fue un verdadero regalo de Dios y tuvo un alma y un lugar en esta tierra como si hubiera vivido ochenta años.

»Estas historias están cargadas de patetismo y muestran una tremenda fe y un tremendo valor. Reafirmaron mi fe dándome la seguridad de que esté o no preparado para despedirme de mis seres queridos, Dios me cuidará y me tomará bajo sus alas. Qué maravillosas historias nos dio Trudy y qué maravilloso regalo para los que lean este libro».

Bob Losure, ex reportero de televisión en *Headline News*, CNN

«En la escuela de enfermería, un apreciado mentor le aconsejó a Trudy Harris que concentrara sus habilidades a la cabecera de sus pacientes. Como pionera en un insipiente programa de residencias para enfermos terminales al nordeste de Florida, eso fue justo lo que hizo. Sus historias de casi tres décadas de carrera como dedicada proveedora de cuidados médicos, en muchas de las cuales ayudó a enfermos terminales a morir bien y a sus familias a soportar el dolor y la pérdida, están detalladas en estas páginas con compasión y esperanza. Cualquiera que haya estado ante la muerte, o que se encuentre luchando con la pérdida de un ser amado, recibirá fortaleza de las verdades sencillas pero poderosas que contiene este libro. No reflejan la muerte como un final, sino como una extensión de la vida. A través de las historias verídicas narradas aquí, comprenderemos mejor ese viaje y encontraremos consuelo».

Melody Simmons, periodista independiente, cuyo trabajo ha aparecido en NPR, en el *New York Times* y en la revista *People*

«*Vislumbres del cielo* nos hace comprender de muchas maneras conmovedoras y profundamente inspiradoras la realidad de la vida después de la muerte, una vida llena de la abundancia del amor y del gozo de Dios hacia nuestros seres más queridos en este mundo. Tenemos una verdadera deuda con Trudy Harris por contarles estas experiencias a tantos que necesitan la seguridad de que se avecina lo mejor».

Reverendísimo **John J. Snyder**, ex obispo de San Agustín

«Uno de los momentos más sagrados de la vida, cuando regresamos a casa con Dios, está envuelto en el misterio porque no queremos hablar de él. Esta colección de historias poderosas y conmovedoras nos ofrece una visión de las mentes y los corazones de quienes se acercan al final de la vida. Este libro es para todos: desde los proveedores de servicios médicos hasta los trabajadores sociales, clérigos y cualquiera de nosotros que, algún día, nos encontraremos diciéndole adiós a alguien que amamos. Los sinceros vislumbres de Trudy acerca de los últimos momentos de la vida revelan años de experiencia personal e incontables actos de compasión. Sus relatos de las relaciones familiares, la fe, las dudas, los temores y las expresiones de amor y perdón, junto con los momentos de pura ternura, nos hacen vislumbrar lo que es importante de verdad en la muerte y en la vida. *Vislumbres del cielo* entra dentro de un espacio sagrado que vale la pena explorar y al que muy pocos se aventuran».

Paul Malley, presidente de Envejecimiento con Dignidad

VISLUMBRES
del CIELO

VISLUMBRES del CIELO

Historias verídicas de esperanza
y paz al final del viaje por la vida

TRUDY HARRIS

Unilit

Publicado por
Editorial Unilit
Miami, FL. 33172
Derechos reservados

© 2011 Editorial Unilit (*Spanish translation*)
Primera edición 2011

© 2008 por Trudy Harris
Originalmente publicado en inglés con el título:
Glimpses of Heaven por Trudy Harris
por Revell, una división de Baker Publishing Group,
Grand Rapids, Michigan, 49516, USA.
Todos los derechos reservados.

Edición: Nancy Pineda
Fotografía de la portada: © 2011 Clarusvisus.
Usada con permiso de Shutterstock.com.

Producto 496852
ISBN 0-7899-1737-8
ISBN 978-0-7899-1737-9

Impreso en Colombia
Printed in Colombia
Categoría: Inspiración/Motivación/General
Category: Inspiration/Motivational/Genera

A todos aquellos a quienes Dios envió para
nuestro cuidado y que nos enseñaron
lecciones de vida a lo largo del camino.

Contenido

Contenido

Contenido

Prólogo

Siempre he dicho que «el cielo es un lugar real». No es un concepto, ni es una idea, sino «un lugar real».

Quién mejor para recordarnos esto que una enfermera de centros para enfermos terminales que un sinnúmero de veces fue testigo de vislumbres del cielo a través de la vida y la muerte de sus pacientes. Trudy Harris, mediante el trabajo de su corazón y de sus manos, ha ayudado a muchos en el ocaso de su tiempo en la tierra, brindándoles cuidado y facilitándoles este trance. No estoy seguro de poder servir con tanta fidelidad y sin temor en el papel al cual Dios la llamó.

Como enfermera de pacientes terminales, Trudy ha visto y escuchado cosas que no pueden explicarse en términos humanos. En estos momentos espirituales, entre la vida terrenal y la eterna, ha visto a Dios en acción una y otra vez.

Encontrarás consuelo en la historia de Zach, un niño de tres años que enfrentó la muerte con amor y paz. Vislumbrarás el cielo a través de la historia de Lenora, una madre de cincuenta y tantos años que vio un ángel junto a su cama, listo para llevarla a casa. Y serás testigo de la gracia y la misericordia de Dios, cuando un anciano insensible llamado Johnny recibe un mensaje de un Dios que anhela redimirlo antes de que exhale su último aliento.

Si crees en Dios, tu fe se fortalecerá y renovará. Si eres escéptico o solo tienes curiosidad por saber lo que sucede cuando morimos, estas historias te darán mucho que pensar. En estas páginas, tendrás la oportunidad de ver lo que sucede en las horas y los días finales de nuestro tiempo en la Tierra.

Esta notable colección de historias verídicas nos ofrece consuelo, esperanza y paz ante la siguiente etapa en el viaje de nuestra vida. Gracias, Trudy, por recordarnos a todos que el cielo es un lugar real. Tu libro lo recomendaré con entusiasmo a muchos que perdieron o están a punto de perder a un ser querido, y a cualquiera que desee saber más sobre la realidad de nuestro hogar celestial.

Hasta que te vea en la puerta,

Don Piper

Reconocimientos

A mi esposo, George, cuyo amor desinteresado, aliento constante y apoyo hicieron posible que escribiera este libro.

Y a nuestros hijos, George hijo, Jon Hugh, Kenneth David y Eric, por su paciencia, buen humor y fe que me permitieron completar este manuscrito. En memoria de mis padres Peggy y John Horan, cuyos ejemplos pusieron el cimiento espiritual y moral de nuestra familia y el trabajo que haríamos en nuestra vida.

A la hermana Naureen Marie, cuyo espíritu hermoso y amable me enseñó que la enfermera junto al lecho es invaluable en la verdadera sanidad de los hijos de Dios.

Con gratitud reconozco a los pioneros de los centros para enfermos terminales que reconocieron la necesidad de una interacción más personal y que brindara más apoyo al atender las necesidades de aquellos cuyas vidas se han visto limitadas en el tiempo por una enfermedad terminal. Se propusieron crear un ambiente de consuelo y un bienestar espiritual, emocional y físico de una manera que todavía no ha encontrado lugar en la comunidad médica. Tenemos una gran deuda de gratitud hacia ellos por los avances que hicieron, contra todas las posibilidades, para crear y enseñar un nuevo modo en que la gente pueda vivir cada día a plenitud hasta que ya no les queden más mañanas. Sus nombres son demasiados como para mencionarlos aquí, pero entre ellos se encuentran Dame Cicely Saunders, Joy Ufema y Elizabeth Kübler-Ross. Su determinación a escala nacional e internacional llevó a la comprensión del cuidado de enfermos terminales al noble lugar que ocupa hoy.

Paul Brenner, Dottie Dorion, Gene Lewis, Phaon y Kay Derr, Lois Graessle, el Dr. Matt Becker, Gretchen Bell, Jack Galliard, Shirley Doyle, Linda Brown, Billye Boselli, el Dr. George Wilson, el Dr. Fred Schert, el Dr. Max Karrer, el Dr. Sam Day, Jeanne Christie, Betty Hurtz, y muchos otros representaron un papel importante en la fundación del programa de hogares al que estuve asociada durante más de veinte años.

Las enfermeras, los capellanes, los trabajadores sociales, los prestadores de salud a domicilio y los laicos fueron el corazón y el alma del pequeño programa de hogares para enfermos desahuciados y recibieron una compensación tan pequeña como para considerarla un estipendio en lugar de un salario. Sin su compromiso, perseverancia y compasión, los pacientes no hubieran recibido el cuidado tierno y amoroso que les permitió morir con paz y dignidad. Estos trabajadores de los hogares saben muy bien quiénes son, y pueden deleitarse en silencio al saber que su noble trabajo ha hecho una enorme contribución al tiempo de vida y de muerte de miles de pacientes y familias durante más de veinticinco años.

Una gratitud especial para Jackie Aquino, enfermera diplomada, que comenzó este camino conmigo hace más de veinticinco años y a Edry Rowe Surrency por su devoción y dedicación, las que hicieron posible este trabajo.

Un reconocimiento especial para mis queridos amigos Guy Cuddihee, Patti Hendricks Joyce y Melody Simmons, por su incansable entusiasmo para contar las historias de este libro.

Carol Susan Roth, mi agente, no se cansó de realizar esfuerzos para traer este libro a la comprensión y la conciencia pública. Con entusiasmo me representó de todas las mejores maneras posibles y me proporcionó aliento en cada etapa del camino.

Introducción

Hace muchos años, me encontraba de visita en la casa de un paciente terminal, en medio de la noche. Al entrar a su habitación, sonrió y señaló hacia la ventana más cercana a su cama, diciéndome: «Hay un ángel en mi ventana, Trudy. ¿Puedes verlo?». Era más que evidente que Pat agonizaba y que le quedaba muy poco tiempo, tal vez alrededor de una hora. Estaba en paz y sin temor, pero tenía una mezcla de asombro y temor ante lo que veía. Le expliqué que Dios lo estaba preparando para llevarlo a casa muy pronto, y le permitía vislumbrar el cielo antes de irse. Sonrió con complicidad, asintió con la cabeza y pareció quedarse en paz por completo con ese pensamiento. Como vivía solo, le prometí quedarme a su lado hasta que el ángel que lo cuidaba se lo llevara a ese lugar seguro. Sentada en el suelo junto a su cama, le sostuve la mano durante menos de una hora hasta que murió.

Durante muchos años, familiares, amigos y pacientes a mi cuidado me han contado sus experiencias muy personales con la muerte. Sus experiencias son tan diversas y únicas como las personas mismas, y las han contado con una franqueza y confianza que solo puede explicarse mediante su encuentro inminente y anticipado con Dios. Él habla a sus espíritus de una manera como nadie jamás lo ha hecho, mientras se prepara para llevarlos a casa. Nadie tiene que decirles que están muriendo; lo saben y reconocen su voz. Han desarrollado lo que llamo «ojos y oídos espirituales» y parecen ver y entender cosas que nosotros no podemos comprender. Las experiencias son únicas para las personas en sí mismas, pero tienen un tema en común de iluminación, amor y aceptación al final de la vida. Nos hacen vislumbrar un mundo que ninguno de nosotros ha visto todavía, pero que veremos algún día. Cada persona parece recibir con exactitud lo que necesita ver y oír para morir bien y en paz.

A medida que decae el cuerpo físico, el ser espiritual se hace visible y parece anhelar de una manera real y tangible a alguien o algo mayor que sí mismo. Esto parece ser una transición muy natural para la persona moribunda y se expresa en miles de formas. La gente que está a punto de morir es muy generosa para contar sus experiencias si sienten que estarás dispuesto a escucharla. Te las cuentan a medida que las viven y parecen querer ayudarte a comprender la sencillez del proceso.

Este tabernáculo temporal, que es nuestro cuerpo, cambia, y nadie lo sabe mejor que la persona a punto de morir. Si te sientas en silencio y escuchas sus preguntas y sus reflexiones, te invitarán a formar parte de este próximo paso increíble en el viaje de la vida. No hay nada que ocultar, nada que ganar y nada que probar ni perder, de ese modo hace que sus palabras sean puras por completo. Y cuando entras en lo asombroso de estas benditas experiencias junto a ellos, crecerás tú mismo.

Vislumbres de personas que se han ido antes que ellos, ángeles, música hermosa y experiencias de consuelo personal impregnan las mentes y los corazones de los moribundos. Nos dejan las huellas de sus experiencias para que meditemos y, lo que es más importante, nos proporcionan una plataforma para nuestras propias vidas. Este libro no intenta definir ni explicar lo que esta gente ve y oye. Más bien, ofrece un retrato de lo que podemos esperar cuando, inevitablemente, nos llegue la hora y desmitifica la muerte como solo pueden hacerlo los relatos en primera persona.

Cuando pacientes o amigos de moribundos me decían: «Hoy es mi día» o «Vi mi nombre en el indicador» o «Los oí llamarme por mi nombre» o «Mi hijo está aquí conmigo ahora; me dijo que es hora de partir», al principio, no entendía. Cuando muchos otros me contaban que veían ángeles en la habitación, que sus seres queridos que murieron los visitaban, o que escuchaban coros hermosos u olían flores fragantes cuando no había nada de esto a su alrededor, suponía que era el resultado de los medicamentos que tomaban o de una posible deshidratación. Sin duda, los vislumbres no podían ser reales. No obstante, cuando otros moribundos que no tomaban medicamentos ni estaban deshidratados decían las mismas cosas, comencé a escuchar, a escuchar de verdad.

Cuando hablaban de ángeles, y muchos lo hacían, siempre los describían como seres más hermosos de lo que jamás habían imaginado, de dos metros y medio de alto, masculinos y vestidos con una blancura para la cual no hay palabras. «Luminiscentes» es lo que todos decían, como nada que jamás hubieran visto. La música de la que hablaban era mucho más exquisita que cualquier sinfonía que hubieran oído, y vez tras vez mencionaban colores que, según decían, eran demasiado hermosos como para describirlos.

Tengo la sensación de que la gente no muere en el minuto o la hora exactos que decimos que lo hacen. De alguna forma inexplicable que todavía no entendemos, parece que van y vienen de este mundo al otro, mientras van adquiriendo las perspectivas que Dios quiere que tengan en este, su viaje final hacia el Padre que los creó.

Amigos que son médicos o enfermeros me han sugerido muchas veces que oír y comprender las experiencias de los enfermos terminales y de los pacientes moribundos sería de gran consuelo para todos los que trabajan en la profesión médica. Los que se han dado el lujo de estar presentes junto a pacientes moribundos salen con una comprensión del todo nueva de que existe un solo Médico Divino, y que solo Él es quien establece el tiempo de nuestra vida.

Un paciente que tenía temor de morir acostado boca arriba me pidió que lo sostuviera sentado mientras moría. Momentos antes de morir, me dijo: «Trudy, no existe tal cosa como el tiempo. Morir es como ir de la sala al comedor, no hay principios ni finales». Lo que dijo fue en respuesta a las miradas que le echaba al reloj mientras contaba tontamente sus respiraciones, y sonrió con una sonrisa muy paciente mientras lo decía. Luego, cerró los ojos y murió. Hay tantas nuevas perspectivas, tantas oportunidades para pensar y tener una comprensión totalmente nueva cuando se mira desde la perspectiva de un paciente que se encuentra a punto de entrar al cielo. Hay tantas lecciones importantes que la gente intenta enseñarnos momentos antes de morir. Sería bueno que escucháramos. Durante esos momentos, nos encontramos pisando suelo santo, y no debemos perdernos ni un minuto.

Trudy Harris

Los nombres, los diagnósticos y las historias que se mencionan aquí se han cambiado a fin de proteger la privacidad de quienes estuvieron bajo mi cuidado. En los casos en que las familias me pidieron que usara los nombres reales de sus seres queridos, lo hice así.

Papi

«Martín dijo que es hora de partir»

Mi papá era un irlandés corpulento y amoroso de sesenta y ocho años que había vivido y amado bien. «No esperes demasiado para venir a verme», dijo. «No me queda mucho tiempo». Lo llamé desde la playa de Carolina del Sur donde me encontraba de vacaciones con mi familia. Era el Día de los Padres, en junio de 1973. Papá se fracturó una costilla mientras levantaba una estatua en la parte exterior de la casa y la trasladaba a petición de mi madre. Tenía muchísimo dolor y no sabía por qué. Los exámenes realizados durante las cuatro semanas siguientes pusieron de manifiesto un mieloma múltiple que se extendía al hueso. La TAC mostró también un gran tumor en el riñón izquierdo. Los médicos dijeron que papa tenía menos de un año de vida y que sin cirugía podía tener menos tiempo aún, con la posibilidad de morir de una hemorragia. El tiempo era muy breve, y nadie lo sabía mejor que papá.

Fue un padre maravilloso con sus cuatro hijas, que ahora nos turnábamos para quedarnos con mamá y ayudar con las necesidades diarias que surgían. Él tenía muchas ganas de vivir, un inagotable humor irlandés y amaba a mi madre de un modo que no podía medirse. Ella era su principal preocupación en la vida, siempre lo había sido y siempre lo sería. Incluso ahora que estaba muriendo, continuaba siendo su principal preocupación.

Un día, mientras cuatro médicos lo rodeaban en la cama del hospital, con múltiples ideas de cómo manejar su cuidado, se volvió hacia mí y dijo:

—¿Pueden hacer que esté mejor, cariño?

—No, papá —contesté—. No lo creo.

—Entonces, llévame a casa ahora —dijo con tal autoridad como para no dejar duda en la mente de nadie respecto a lo que quería. Eso fue lo que hicimos.

Papá fue un gran conversador toda su vida, y le encantaba expresar sus ideas y pensamientos, así como también escuchar los tuyos. Como líder obrero y negociador sindical en la ciudad de Nueva York, podía ver y oír las dos caras de una discusión, y le encantaba desempeñar el papel de unir a las personas y sus ideas. Siempre meditaba en los amigos de negocios, en los conocidos y en esos con los que trabajó, que no vivieron bien y se salieron con la suya. Se preguntaba con una risita si sería posible que algunos de ellos recibieran asientos de palcos en el cielo, mientras él estaba en las graderías descubiertas. Nunca criticaba, pero tenía un gran sentido del humor y le encantaba pensar en voz alta en todas las posibilidades.

Le gustaba mucho contar la historia de Jesús sobre el propietario de una viña que invitó a trabajadores a diferentes horas del día y les pagó a todos lo mismo al terminar la jornada. Como organizador del sindicato que siempre estaba preocupado por un salario justo para un día de trabajo justo, papá cuestionaba el pensamiento de Jesús y sugería que un buen sindicato les hubiera venido bien a los trabajadores. Por supuesto, decía todo esto en broma, imaginando que Jesús, en su infinita misericordia, tenía su propia manera de manejar las cosas, lo cual a su vez era una buena lección para todos nosotros. Las cavilaciones de toda su vida fueron el fundamento de nuestras primeras enseñanzas, y tenía un estilo único y maravilloso para contar las historias que, con el tiempo, representarían un papel importante en lo que llegó a ser cada una de sus hijas.

Una mañana, justo días antes de que papá muriera, me encontraba dándole una buena afeitada. Se miró al espejo y me dijo:

—No parece que me estuviera muriendo, ¿no es así, cariño?

—No, papá, no lo parece en realidad —dije.

—Tú sabes que en verdad no me preocupa morir. Estoy listo. Solo detesto dejar a mami. No permitas que nadie la lastime jamás, ¿de acuerdo? Es demasiado buena como para que alguien la moleste o la haga sentir mal.

Las preocupaciones de papá siempre estuvieron centradas en los demás: los que pudieran ser vulnerables, los que eran menos afortunados, los que estaban solos y los que no podían valerse por sí mismos. Ahora, en especial, deseaba asegurarse de que el gran amor de su vida estuviera protegida y a salvo, y que no le sobreviniera ningún mal. Era muy propio de él.

Aunque en ese momento no me daba cuenta del todo, papá hablaba conmigo sobre su inminente muerte. Su hora estaba muy cercana, y como todos los que están a punto de partir hacia una nueva vida a la cual llamamos muerte, él lo sabía, lo sentía; nadie tenía que decírselo. Dios mismo lo estaba preparando. El Espíritu Santo, a quien papá recurrió toda su vida en busca de guía y dirección, ahora realizaba un papel importantísimo en su comprensión y perspectiva. Parecía estar tan en paz con toda la situación, como si estuviera con un viejo amigo que lo comprendía bien y con el que se sentía muy cómodo. Era grandioso observarlo.

—Como sabes, no siempre me caíste bien —le dije un día cuando estábamos a solas—. Pero siempre te amé. Te amaba en especial cuando me dabas un sacudón, te plantabas firme y me decías la verdad, quisiera oírla o no.

—Yo no te gustaba, porque eras igual a mí —dijo con una gran sonrisa—. Muchas veces, nos dábamos de topetazos porque éramos muy parecidos; casi siempre llegábamos a la misma comprensión de la verdad, pero en momentos diferentes y de distintas maneras. Siempre sabes justo lo que necesito antes de que lo pida —dijo en respuesta al cambio de almohada que le hice en los pies.

Papá te decía lo importante que eras para él y lo que pensaba de ti tan solo con una sonrisa o una simple palmada. *Qué hombre tan bueno y sincero es*, pensé. *Las cosas no podrían ser mejores. Mi padre nos está dejando para ir hacia Dios a quien siempre ha amado y seguido con la misma certeza, confianza y paz que mostró toda su vida... es muy natural.*

Entonces, llegó el turno de Maggie de estar con papá. Era la «pequeña» a la que siempre sentía la necesidad de proteger. Tenía una naturaleza pícara, que hizo que excediera los límites constantemente mientras crecía. A papá siempre le encantaba sacarla de apuros en sus travesuras de niña. Ahora era su turno de explicarle las cosas, de hacerlo reír y de mostrarle en quién se había convertido gracias a él. El día que murió, papá la saludó por la mañana y le dijo: «Maggie, Martín dijo que ahora es tiempo de partir». Papá se refería a Martín Kyne, su amigo de cuarenta años que murió hacía menos de un año. Tenía mucha paz cuando le dijo que había visto a Martín. Lo dijo con tanta calma como si fuera lo más normal. Quería que supiera que estaba listo para morir. Incluso, ahora que estaba moribundo, trataba a sus hijas de la manera que sabía que sería más consoladora para cada una de ellas. Nos conocía muy bien a cada una, así que le salía con naturalidad.

Maureen, la mayor, vivía con mamá y papá, y tenía una ética de trabajo que él admiraba en gran medida. «Trabajas mucho todo el tiempo, pero nunca te quejas», le decía a menudo. Ambos tenían sólidos principios sobre el trabajo esforzado y la ética, y ella decía muchas veces que, en su opinión, papá representaba el verdadero evangelio vivo de Jesucristo. «No solo hablaba al respecto», decía. «Lo vivía día a día en todas las cosas que hacía por otros».

Anne, en su calidad de hija menor, atendía a cada momento a mamá y a papá, y satisfacía todas sus necesidades. Siempre era la que trataba de arreglar las cosas, de hacerlo todo bien y, ahora, lo hacía a su modo tan especial y amable, sin palabras. Papá se deleitaba en especial al tener cerca los «detalles» de su Annie, que reflejaban el alma dulce que siempre había alimentado.

Toda su vida, papá pensó en los demás antes que en sí mismo; e incluso ahora, seguía haciendo lo mismo, preocupado para que se sintieran cómodos, teniendo en mente el bienestar de los otros por sobre todas las cosas. Las lecciones que me enseñó durante este período me prepararon para un futuro de servicio donde atendería las necesidades de los moribundos, a través de un centro de atención para enfermos desahuciados, de un modo que nunca hubiera podido conocer si no hubiera sido por él. La dulzura y la naturalidad de su muerte me desmitificaron la muerte y me permitieron ver la mano de Dios, amable y constante, sobre las almas de sus hijos al prepararlos a fin de llevarlos a casa con Él. Estaré por siempre agradecida a papá por su fuerza de carácter, su amor constante y su fe en mí, y por el gran amor del que dio muestras toda su vida.

A tan solo seis semanas de su diagnóstico original, papá se encontraba acurrucado en la cama con mamá a su lado y descansaba tranquilo. Se volvió hacia ella y le dijo: «Te amo, Peggy», y con un último suspiro, viajó de la experiencia de este mundo hacia su recompensa eterna. Estuvo con el amor de su vida hasta el final, y su partida, aunque muy triste, fue una experiencia dulce y natural. Estuvo cubierto con una fe que Dios, quien estuvo siempre a su lado, nutrió a través de los altibajos del crecimiento espiritual.

Papá caminó y conversó con Dios a lo largo de su vida, y lo buscó en los lugares difíciles del crecimiento personal y del refinamiento. Reflejó al Señor en la manera compasiva en que atendía a quienes luchaban por obtener un salario digno para sus familias; en la manera en que cuidó de su madre, de sus hermanas y de su hermano cuando murió su padre muy joven; en el modo en que valoró y respetó a mamá hasta el final; y, además, en las muchas maneras en que educó a sus cuatro hijas hasta que se convirtieron en mujeres.

Dependió de la dirección de Dios para todo y ahora podía volverse a Aquel a quien conocía y en quien confiaba a plenitud. Nos enseñó muchas cosas mientras vivía y aun más cuando moría. Fue un hombre inolvidable.

Mary Anne

«¿Por qué Dios me deja vivir más tiempo de lo que los médicos dijeron que viviría?»

Mary Anne, una rica inversora de la bolsa, casada sin hijos, llegó a mi puerta un día. Vivía en un mundo de actividad social, riqueza y clubes de campos, un mundo que difería mucho del mío. «Tengo entendido que su padre falleció hace poco», dijo mientras pasaba junto a mí con un ligero empujón y se sentaba en la sala una mañana temprano. «No sabía qué traerle», dijo mientras me entregaba un llamador de bronce para la puerta envuelto en papel de seda. «Así que le traje esto». Ese día, nada relacionado con Mary Anne me gustaba. No entendía en absoluto el regalo y no quería entenderlo; solo después me di cuenta del simbolismo presente en el «llamado a la puerta».

Debo confesar que Mary Anne no me gustaba mucho. Era una mujer de negocios fuerte y sin pelos en la lengua, y yo estaba segura de que no teníamos nada en común. ¿Por qué estaba aquí?

«Me gustaría saber algo sobre la muerte de su padre», dijo. «Cómo fue, qué dijo, cómo murió. Quiero saberlo todo».

Su acoso con preguntas me hizo sentir incómoda y enojada. Sin embargo, a pesar de mis sentimientos, en lo profundo de mi ser sabía que esto era el comienzo de algo que todavía no entendía, algo que debía experimentar y de lo cual aprendería. No tenía idea de cuál sería la lección. Parecía que el plan de Dios para Mary Anne y para las cosas futuras solo se desarrollaban. Como era de suponer, con el tiempo y sin que yo lo procurara, nos convertimos en muy buenas amigas. Dios nos enseñó lo que quería que supiéramos la una de la otra.

Venía a visitarme a menudo y siempre me hacía preguntas sobre la vida, su significado y propósito. Me preguntaba acerca de Dios y de Jesús. «¿Dónde está escrito? ¿Cómo sabes la manera de encontrarlo?» Mary Anne tenía una sed insaciable y sacaba pregunta tras pregunta a toda velocidad. Tenía necesidad de aprender sobre muchas cosas y parecía estar apurada.

Un día durante una visita, me contó que tenía un cáncer inoperable, que se lo habían diagnosticado justo días antes de que muriera mi padre. Quería estar cerca de alguien que hubiera experimentado la muerte de primera mano y quería saber todo lo que pudiera sobre lo que sucedía y por qué. La mujer de negocios dentro de Mary Anne era la que quería tener un plan y tener la mayor comprensión posible de lo que sucedía. Fue la mano invisible de Dios que la puso junto a los que recorrerían con ella este camino, que experimentarían su lucha, aprenderían de ella y estarían a su lado cuando lo encontrara a Él. Fue increíble y una lección de humildad al formar parte de este proceso.

Mary Anne

El diagnóstico de Mary Anne era terminal. Su cáncer, que primero se descubrió en el pecho, se había esparcido con rapidez a los pulmones y a la pared torácica. Su pronóstico era de tres a cuatro meses. Vivió dos años y medio. ¡Qué años tan emocionantes, alegres, de búsqueda y difíciles fueron! Desde el comienzo, para mí fue más que evidente que Dios amaba a Mary Anne de manera profunda y quería que lo conociera bien. Así comenzó su largo y maravilloso viaje. Visitarla era como estar en el santuario de una iglesia. Te daban deseos de quitarte los zapatos, porque sentías que estabas en suelo santo. La presencia de la gracia siempre fue evidente mientras Mary Anne viajaba hacia Dios y lo experimentaba de muchísimas maneras.

Mi oración por ella durante este largo período fue: «Señor, rodéala con tus brazos, sostenla con tu tierno y amoroso cuidado, y ayúdala a saber que está a salvo contigo». Un día, mientras estaba de visita, Mary Anne explicó la primera de muchas experiencias espirituales que tendría.

—No estaba dormida —me dijo con mucha claridad—. Estaba despierta y Él vino a mí aquí en mi habitación. Me rodeó con sus brazos y me sentí muy segura y cálida.

—Ese era Jesús —le dije.

—No, no era Él, Trudy, eras tú —dijo con una sonrisa amorosa.

¿Qué quiere decir?, me pregunté. ¿Así es la manera en que Dios visita a sus hijos, a través de vasos de barro frágiles y quebrados como nosotros? ¿Cómo era posible que Dios permitiera que nuestras oraciones se respondieran de una manera tan íntima e innegable? Es como si nos diera unos toquecitos en el hombro y nos dijera: «¿Me reconoces?». Fue la primera de cientos de veces en que Dios me permitió ver

su mano tocar de manera tan íntima y amorosa a sus hijos mientras los llevaba a casa con Él.

Mary Anne me preguntó si tenía un amigo, tal vez un ministro, que viniera a visitarla. Le dije que sí. Aunque muchas veces habíamos hablado acerca de Dios y de su lugar en nuestras vidas, nunca habíamos hablado de modo específico sobre la iglesia o la religión, así que me quedé sorprendida y a la vez feliz ante esta pregunta. Hablé con un maravilloso hombre joven, recién ordenado, y le pregunté si podía ir a visitarla. Se sintió inmensamente feliz de que se lo pidiera y, muchas veces, se sentaba en la espaciosa cama con ella y le contaba lo que había llegado a conocer de Dios, de su gran misericordia y amor. No sé cuál de los dos disfrutaba más de las charlas, porque parecía que a ambos les encantaba el intercambio de ideas, y ambos daban testimonio de la realidad de la gracia de Dios en medio de ellos. Hablaban muy a menudo hasta altas horas de la noche, el sanador de heridas sanando a la herida. *¿Quién era quién?*, me preguntaba. Observar la relación que se desarrolló entre ambos fue un inmenso regalo.

Dios ama a cada uno de sus hijos de manera muy profunda y desea que lo conozcan. Su deseo es que encuentren paz y que vayan a casa con Él cuando los llame. Es maravilloso observar hasta dónde puede llegar para hacer que suceda esto. Nos da mucho tiempo y usa los dones diarios que hemos tenido durante toda nuestra vida para ayudarnos a encontrarlo. A Mary Anne la dotaron con gran curiosidad y determinación, cualidades que usó en su exitosa vida de negocios. Dios le permitió emplear esos mismos dones para buscarlo y encontrarlo. Qué Dios tan increíble y amoroso tenemos a nuestra disposición todos los días de nuestra vida.

Un día, Mary Anne me preguntó mi opinión en cuanto a por qué Dios la había dejado en la tierra mucho más tiempo de lo que sus médicos creyeron posible. Le dije que pensaba que, tal vez, Él quería darle todo el tiempo que necesitaba para encontrarlo. «¿Ya lo encontraste, Mary Anne?», le pregunté una noche. «Ah, sí», contestó con la misma confianza y seguridad que reflejó en los negocios toda su vida, pero esta vez la paz y el contentamiento inundaban su rostro. Habían pasado más de dos años y medio desde la primera vez que Mary Anne me visitó. Era la víspera de Navidad y, una vez más, no se podía pasar por alto la presencia y el precioso amor de Dios hacia ella mientras los niños se reunían en la noche nevada junto a la ventana de su habitación y cantaban «Noche de paz». Sonaban como ángeles del cielo, y el joven ministro al que llegó a conocer y amar tanto la bautizó esa misma noche. Una vez más, Dios la visitaba a través de la persona que envió para consolarla y guiarla en su camino a casa con Él. Murió en paz durante las primeras horas de esa mañana de Navidad.

El abuelo

«¿Quién es el hombre de pie junto al agua?»

El abuelo y la abuela llamaron con un tono de voz muy triste y asustado. Al abuelo le acababan de diagnosticar cáncer de páncreas que se había extendido al hígado. Los amábamos mucho y deseábamos hacer cualquier cosa posible para que este tiempo les resultara más fácil. El abuelo dijo que quería estar con su único hijo y sus nietos durante este tiempo final en la vida compartida con la abuela.

«¿Podríamos ir a quedarnos con ustedes?», preguntó.

«Por supuesto», les dijimos, sin tener idea de cómo lo manejaríamos todo. Aunque hacía veinticinco años que era enfermera, nunca había cuidado a un enfermo terminal en nuestra casa. Conocer a Paul Brenner, fundador del centro para enfermos terminales en nuestra ciudad, y a la maravillosa enfermera Dottie Dorion, que se ocupó de todos nosotros, hizo que esta nueva experiencia fuera posible.

El abuelo y la abuela se mudaron a nuestro dormitorio principal con la alfombra color durazno, la cama matrimonial extra grande y el sillón reclinable frente a la ventana que daba al lago. Allí se sentían como en casa, no porque fuera su hogar, sino porque el hogar está donde reside el corazón y no en la casa donde vivimos. Ahora, todos los corazones en este hogar eran uno.

Más de una noche, servíamos fideos, pollo frito y helado para toda la familia sobre aquella alfombra color durazno. Los amigos venían a cantar con nosotros, con guitarras, voces desafinadas y todo. Otros venían a orar con el abuelo, le tomaban la mano o solo se sentaban en silencio mirando por la ventana, mientras la abuela aprovechaba para lavarse el cabello. El abuelo miraba desde su cama a todos los que se encontraban allí y decía: «Así es como debería ser». Estaba en casa, seguro con su familia, donde todos lo amaban. Así había vivido toda su vida, de una manera sencilla, sin complicaciones, tranquila y constante. No hablaba de su enfermedad ni de la muerte. Eso no hubiera estado de acuerdo con su carácter. Para él era suficiente estar seguro, bien cuidado, con la familia y sin temor.

Un día, Seamus O'Flynn, un ministro nuevo en nuestra iglesia, vino a visitar al abuelo y a la abuela en el dormitorio principal. Les habló en su tono de voz amable y gentil, y les ayudó a entender que se acercaba el tiempo en que el abuelo fuera a estar con Dios. Mientras hablaba, sin decir palabra, el abuelo se quitó el anillo de boda del dedo y lo colocó con suavidad en la mano de la abuela. Esta era la hermosa muchacha con la que se casó cuarenta y cuatro años atrás. Fue la compañera de su vida, su esposa amorosa, y en muchos sentidos, quien lo cuidó a través de muchos desafíos y enfermedades durante su vida juntos. A ella recurría cuando los días se tornaban oscuros y atemorizantes, y ella era la que siempre mantenía el fuego del hogar encendido y una buena olla de comida en la cocina. Encontraba consuelo y humor en sus repetidas palabras: «Esto también pasará», aun cuando no pensaba que sería así. Ahora, comenzaba el proceso de separarse de ella con tranquilidad, sin decir palabra, como se habían comunicado durante la vida juntos. Para quienes habían compartido tanto, ciertas cosas se entendían sin necesidad de palabras.

Un domingo por la tarde, su hijo, George, estaba sentado en el dormitorio con él.

«Por favor, toma nota de estos nombres, números telefónicos y direcciones», le dijo el abuelo mientras leía todos los nombres de sus amigos y compañeros de trabajo de *Horn & Hardart*, el restaurante de autoservicio en Nueva York, donde trabajó durante cuarenta años. «Ve y llámalos», dijo. «Diles cómo estoy y lo que me está sucediendo». George salió de la habitación con los nombres y los números telefónicos de las personas más importantes en la vida laboral de su padre y comenzó a hacer las llamadas. El abuelo le confió a George esta importante tarea sabiendo que la haría con exactitud, tal y como se lo había pedido. Cuando George regresó, el abuelo quiso saber lo que le dijo a cada persona acerca de él y si entendieron. Luego, recordó con muy buen humor los buenos viejos tiempos y los cuarenta años de trabajo a su lado. George le contó cada una de las conversaciones y le aseguró al abuelo que sus ex compañeros sentían que él había representado un papel importante en todas sus vidas y que lo amaban mucho. Para él era importante saber que las personas con las que trabajó y de las que siempre se ocupó, ahora se preocupaban también por él. Fue un paso importante. Comenzaba a decir adiós.

El abuelo estuvo rodeado de muchísimo amor y buen humor durante las pocas semanas siguientes. Venían los amigos, casi siempre con algo rico para comer, cantábamos himnos y contábamos historias. Su primo Joe, que era como un hermano para él, recordaba las fiestas en el patio que formaron una parte tan importante de sus vidas. Su sobrina Sandra, a quien crió, le dijo lo que había significado para ella, a los catorce años, poder vivir con ellos después de la muerte de su madre, y cuánto lo amaba.

El abuelo no creció en la iglesia y llegó a la fe más tarde en su vida. Vivió su fe como hacía tantas cosas, sin mucho alboroto, sin bombos ni platillos. Su hija Janet ahora también estaba con él, y el silencioso consuelo que les traía a él y a la abuela se evidenciaba cada día, de todas maneras, mediante lo que hacía por ambos. Todos nosotros decíamos que las conversaciones que tenía con él acerca de Dios y de su amor por él eran un «curso acelerado sobre Jesús». Muchas veces, se dirigía a la abuela y le preguntaba: «¿Mamá, crees en todo esto? Bueno, entonces yo también lo creo».

A esta altura, declinaba con rapidez y le encantaba sentarse cada día en el sillón reclinable junto a la ventana que miraba al lago. La noche anterior a la muerte del abuelo, el ministro Dan Logan vino a visitarlo y a ver si podía ayudar de alguna manera. Lo necesitábamos en el preciso momento en que llegó, mientras el abuelo nos decía que quería salir de la cama y no podíamos sacarlo por nuestra cuenta. Logan levantó al abuelo de la cama y lo llevó a su sillón favorito con facilidad y sin lastimarlo. Más tarde, muchas veces pensamos que en algún nivel, el abuelo sabía que sus días sobre la tierra estaban llegando a su fin, y sencillamente no quería morir en nuestra cama. Hubiera sido muy propio de él pensar de esa manera.

—¿Quién es el hombre que está parado junto al lago? —preguntó mientras señalaba la ventana.

—Es el sauce llorón —le dije.

—Veo el árbol —contestó con una sonrisa—. Me refiero al hombre que está parado debajo del árbol, junto al agua. ¿Quién es él?

Miré, pero no vi a nadie parado junto al árbol.

Esa noche, mientras acostaba a nuestro hijo menor, Ken, le conté lo que dijo el abuelo. «¿Te parece que vio a Jesús?», preguntó. «No lo sé», respondí.

Más tarde esa noche, mientras preparaba al abuelo para irse a dormir, le comenté la conversación que tuve con mi hijo. «Ken quiere saber si viste a Jesús bajo el árbol esta noche».

«Sí, querida, ¿por qué?», me contestó. Respondió de esa misma manera segura, confiada y natural que había llegado a reconocer y a aceptar en la gente que está a punto de morir. Parecen tener ojos y oídos espirituales que les ayudan a comprender cosas que nosotros no comprendemos, y no tienen temor de contártelas.

El abuelo murió esa noche, sentado en el sillón reclinable que miraba al lago donde vio a Jesús, con sus familiares turnándose para estar a su lado. Cuando exhaló su último suspiro, y nos dimos cuenta de que era el último, su esposa, su hijo, su hija y yo encontramos consuelo, por alguna razón, en amontonarnos todos en la cama extra grande junto a su silla y allí nos dormimos. Eran las tres de la mañana.

Menciono la hora de su muerte solo porque cuando llamamos a su enfermera, Dottie, a las siete de la mañana, dijo: «George murió a las tres de la mañana, ¿no es así?». Cuando le preguntamos cómo lo sabía, nos contó su experiencia de haberse despertado a las tres y haber escuchado una voz que decía: «He venido por mi siervo George». Cuando comencé a cuidar a pacientes terminales y a sus familias, solo sonreía ante tales cosas, sin llegar a creerlas. Me llevó treinta años de cuidar a moribundos saber que estas cosas son tan reales como cualquier otra que experimentes en la vida.

El abuelo era un hombre reservado, amable y metódico que amaba mucho a su familia. La vida era simple para él, y mientras moría, sucedió lo mismo. Anidado en el consuelo del amor de su familia se sentía seguro. Murió con la misma simplicidad y gracia de las que dio muestras toda su vida. Dios fue igualmente bueno con él tanto en la vida como en la muerte.

Frank

«Mi hijo está aquí conmigo ahora; dijo que es tiempo de partir»

Frank tenía solo sesenta y ocho años y la vida se le escapaba debido a un cáncer de pulmón inoperable. Su vida había sido plena y productiva, y había tenido un matrimonio largo y feliz con Jenny. Su diagnóstico lo tomó por sorpresa a él y a su familia. Se veía bien y se sentía bien, y hacía poco que le habían diagnosticado tan solo algunos síntomas. Estaba triste por tener que dejar tan pronto a su esposa, pero su naturaleza era muy tranquila, y tanto él como su esposa reflejaban una aceptación pacífica de su enfermedad que solo encontraba explicación en alguna experiencia previa con la muerte. Todavía no sabía de qué se trataba.

Pocas semanas después de que le hubieran dado el diagnóstico, me encontraba visitándolo cuando me dijo de una manera muy natural: «Mi hijo, John, está aquí conmigo ahora, y me dice que es hora de partir. ¿Puedes verlo? Está sentado allí en la silla; me hace señas para que me vaya con él». A esta altura, me había enterado de que su único hijo, John, murió en Vietnam hacía muchos años. Y ahora, sentado en su cama, sin la menor apariencia de alguien que estaba moribundo, Frank lo veía y disfrutaba de su presencia. Le respondí que no podía verlo, pero le pedí que me lo describiera. Frank dijo que John se veía espléndido con su uniforme, joven y bien parecido como siempre fue, y que lo alentaba a ir con él. Frank había tenido una relación amorosa y de confianza con este único hijo y, ahora, parecía no sentir el menor temor de dejar esta vida tal como la conocía. Era asombroso ver el gozo que expresaba ante la idea de volver a ver a John. La fe que tenían les permitía saber que estarían todos juntos en el cielo en algún momento. Parece que nadie muere solo; Dios siempre envía a alguien a quien hemos amado para que nos acompañe.

En las pocas semanas que estuve con Frank, quedé asombrada ante la paz que los rodeaba tanto a él como a su esposa, y de cómo aceptaban su enfermedad y su muerte inminente. Disfrutaron de cada día que les quedaba. Amaban profundamente a este único hijo que murió años atrás, y su fe les decía que volverían a verlo en el cielo. La esposa de Frank, aunque triste ante la idea de perderlo, pensó que era maravilloso que John hubiera venido a buscar a su padre.

Frank murió varias noches después de esta conversación, mientras dormía, sin una sola lucha, en paz tanto con su vida como con su muerte.

Brian

«Sabes que te amo muchísimo»

Brian tenía tres años de edad, era el único hijo de una maravillosa pareja y estaba muriendo de leucemia. Sus padres habían hecho todo lo posible, habían ido a todas partes, a fin de evitar la enfermedad que pronto se llevaría su hermosa y pequeña vida. Amaban a este hijo con tal intensidad que casi no se podían separar. Era como si se hubieran fundido en una gigantesca bola de amor. Brian era un niño sabio, muy maduro para su edad, con un humor, una tenacidad y un amor que eran un vivo reflejo de sus padres.

Podía poner a prueba la paciencia de un santo, como lo hacen todos los niños de tres años, pero el brillo en sus ojitos te derretía el corazón una vez tras otra. Nunca sabré cómo soportaron toda esa situación.

Muchas veces, Brian se sentaba en el regazo de su madre, le ponía los bracitos alrededor del cuello y la abrazaba con fuerza. «Sabes que te amo muchísimo», decía una y otra vez, y ella sonreía a través de las lágrimas. Lo amaba con todo el corazón y no podía soportar la idea de que la dejara ahora. No creía en la vida después de la muerte, o algunos días no estaba segura, entonces, para ella, perder a Brian era algo permanente. Solo un tiempo después tuvo una experiencia que la consoló mucho en este sentido.

La presencia de Brian llenaba cada habitación a la que entraba. Su gran sonrisa, sus ojitos pícaros y brillantes, y una determinación implacable le granjeaban el afecto de la familia y de los amigos, de las enfermeras y de los médicos, y de cualquiera que tuviera contacto con él. Brian era un niño muy sagaz. Parecía entender a la gente y a las cosas antes que el resto de nosotros, y daba muestras de una comprensión que iba más allá de sus años y de su experiencia.

Sus compañeros de preescolar estaban haciendo un libro de cocina muy especial, como solo pueden hacerlo los niños de tres años, lleno de las recetas favoritas que querían compartir. La contribución de Brian decía: «Primer paso: Arrimar una silla al teléfono. Segundo paso: Subirse a la silla para alcanzar el teléfono. Tercer paso: Tomar el teléfono y marcar a la pizzería». No hace falta decir que el libro de cocina fue un éxito, pero lo más importante es que reflejaba la individualidad de Brian y el don único de su presencia con cualquiera que estuviera a su lado.

Brian amaba muchísimo a su mamá y a su papá, y acumuló toda una vida de amor y besos, de risas y lágrimas en el breve lapso de tres años. Amaba a su perro y a sus gatos, «Me Too», «Sweetheart», «Buster», pero eran demasiado grandes para llevarlos de visita al hospital. Brian sabía que mi pekinesa acababa de tener una cría, entonces, le prometí traérsela para que lo visitara. Una noche, entré con sumo cuidado al hospital con mi nueva mascota en la cartera. Brian tenía los ojos cerrados cuando le puse la perrita en los brazos y ella le frotó la carita en el cuello. Sostuvo con fuerza a la perrita con una mano y con la otra, buscó la colita que se meneaba con rapidez de un lado al otro. Desplegó una sonrisa que nunca olvidaré, con los ojos todavía cerrados.

Un día, después de visitarlo en su casa, me senté frente a mi escritorio y me pregunté: «¿Quién es este niño especial?». Sin ningún esfuerzo, pronto mi cavilación se convirtió en un poema que incluí al final de la historia de Brian. A lo largo de los años, los médicos y las enfermeras, los trabajadores sociales y otros que llegaron a conocer y a amar a Brian y a su familia, me han dicho que el poema cuelga enmarcado sobre sus escritorios y oficinas. Este niño fue inolvidable para todos los que le conocieron.

«Adiós, papi», decía casi siempre cuando su padre lo visitaba y, luego, tenía que irse a trabajar. Estas palabras adquirieron un significado diferente ahora. Una noche, mientras se encontraba en el hospital, Brian le pidió al padre que le llevara un ramillete de globos que recién había recibido a una niñita al otro lado del pasillo a quien acababan de diagnosticarle leucemia. También le pidió que bajara algunos de sus autos favoritos de colección que colgaban del techo. Con cuidado, escogió los autos o juguetes que deberían darles a otros niños del hospital. Con el tiempo, le pidió a su padre que regalara todos sus autos y camiones, con el conocimiento en algún nivel especial, de que estaba partiendo.

Brian murió tranquilo una noche acurrucado en los amorosos brazos de sus padres. El dolor de ellos no conocía límites, y solo el gran amor que sentían el uno por el otro fue lo que les mantuvo tan unidos en ese momento. Brian dejó este mundo con una mejor comprensión de lo que son el amor y el gozo puros, pero partió demasiado pronto.

En el primer aniversario de la muerte de Brian, le envié rosas amarillas a su madre, que para ese entonces era una querida amiga. Llamó para agradecerme y para contarme un sueño que tuvo la noche anterior. En su sueño, caminaba sumergida en la arena que le llegaba al trasero. Hasta donde sus ojos podían ver, no había nada más que arena, y era difícil caminar. Luego, a la distancia, pudo ver una lucecita y comenzó a caminar hacia ella. Al acercarse, la arena era cada vez menos profunda hasta que, por fin, pudo caminar sobre ella. Todavía a lo lejos, cerca de la luz, vio lo que parecía ser una tienda hecha de lona (como las que se usan para acampar). Dijo que cuando llegó a la tienda, hizo a un lado la lona para espiar en el interior. «¿Qué te parece que vi?», me preguntó. «Una hermosa dama tenía en brazos a un niño y sonreía», dijo antes de que yo pudiera contestar. Hablamos de su herencia judía y de que la tienda en las Escrituras hebreas es un reflejo de la morada de Dios. Qué natural era que Dios, en su infinita bondad, le permitiera tener el consuelo de saber que su hijito estaba seguro a través de esta experiencia acorde a su propia tradición. Dijo que nada de lo que le habían dicho, nada de lo que había leído y nada de lo que le habían explicado durante aquel año le había dado una mayor sensación de paz que este sueño. «Él está seguro y es amado; ahora lo sé», dijo con gran seguridad.

El dolor que produce la enfermedad y la muerte de un niño es imposible de explicar o de comprender, pero el regalo que fue este niño en particular para todos los que lo conocimos es igualmente difícil de explicar. Su vida cortísima dejó una marca indeleble e hizo que todos los que le conocimos, aunque fuera por tan poco tiempo, diéramos un paso atrás y nos preguntáramos si nuestras vidas habían enriquecido al mundo tanto como la de este pequeño.

Este niño llamado Brian

Brian es bondad, amabilidad, sabiduría y amor
Brian es ternura, diversión, perspectiva y amor
Brian es suavidad, curiosidad, independencia y amor
Brian es búsqueda, perdón, pizzería y amor
Brian es «Me Too», «Sweetheart», «Buster» y amor
Brian es naturaleza, plenitud, vida y amor
Brian es Nancy, Kenny, belleza y amor
Brian nació para amar, para tocar a la gente
para darles afecto y enseñarles
Trazó un círculo y nos atrajo hacia él
Brian es el reflejo de Dios para un mundo que sufre

Gloria

«Ahora me voy; adiós»

Gloria tenía ochenta y siete años de edad y era la matriarca de una gran familia afroamericana. Vivía en una casita en una zona boscosa, cerca de una autopista muy transitada. Crió a su familia en esta hermosa estructura de madera, en la que era obvio que la amaban y cuidaban con esmero. A lo largo de muchos años, educó a sus hijos, todos fueron a la universidad. La vida familiar estuvo llena de una fe fuerte, asistencia a la iglesia, ensayo del coro y disciplina. Se podía decir que esta era una «familia llena de fe».

Durante mi primera visita, pude ver que Gloria tenía la batuta. Tenía la última palabra y su familia la reverenciaba. Sabían que se estaba desmejorando con rapidez, pero les resultaba difícil dejarla ir. Parecía que faltaba algo o alguien, algo que todavía no estaba en su lugar de acuerdo con el plan. Su familia la velaba día y noche, y trataban en todo momento de prever y satisfacer todas sus necesidades. El tiempo pasó sereno.

En un momento, Gloria no respondió durante tres días y sus respiraciones eran casi indetectables. Su familia grande y amorosa nunca se iba de su lado. Una noche, me quedé hasta la medianoche, pensando que cada respiración sería la última. No sería así; Gloria tenía otros planes y sencillamente no estaba lista para partir. La familia le cantaba himnos hermosos, le recitaba algunos de sus versículos favoritos de la Biblia y alababa a Dios por su vida. Era sorprendente ver la mezcla de gozo y pena en sus rostros, pero también oír el entusiasmo con el que expresaban la fe que con mucho esmero ella les había inculcado. *¿A quién o qué está esperando?*, me preguntaba. Cuando la familia me pidió que orara con ella, lo hice en silencio, con la esperanza de poder recordar el Salmo 33, que ellos sabían tan bien de memoria. A esta altura, era medianoche y nada cambiaba para Gloria. Parecía que descansaba en silencio, llena de paz, y así me fui aquella noche.

A la mañana siguiente, pasé a verla a eso de las ocho. «Espera a ver a mamá», me dijo su familia al llegar a la puerta de entrada. Esta misma señora, que hasta lo último de la noche no había respondido durante tres días, estaba sentada en la cama con una gran sonrisa en el rostro. Estaba completamente consciente y al mando de todo como siempre la había visto. «Oraste muy bien, querida», me dijo cuando entré a la habitación, demostrando que había estado muy conciente de todo lo sucedido la noche anterior, solo que no respondía.

De repente, en la puerta del frente hubo gran actividad y entusiasmo. «Aquí llegó», dijo radiante al llegar su hijo mayor, al cual había estado esperando. «Ahora estoy aquí, mamá», dijo el hombre alto y buenmozo mientras se inclinaba con suavidad sobre la cama para abrazarla y besarla. Recostó la cabeza de nuevo sobre la almohada y con los ojos fijos en los de su hijo, dijo: «Sé que estás. Ahora me voy; adiós». Entonces, cerró los ojos y murió. Me quedé muda. Gloria esperó hasta que llegara la única persona que sabría cómo manejar toda la situación. Él sería ahora el que ocupara su lugar para proteger y guiar a su familia; él lo sabía y ella lo sabía, y eso era todo. Gloria dejó a la familia en «buenas manos», con todo en orden, tal como lo hizo toda su vida. Nunca antes había visto algo semejante. En la vida de Gloria, la jerarquía familiar, la autoridad y la responsabilidad eran de suma importancia. Su familia estaba construida sobre el firme fundamento de la fe en Dios. A través de los desafíos y sufrimientos que enfrentó desde que nació, a comienzos de siglo, descansó en Él. Había manejado sus asuntos y criado una familia muy exitosa de esta manera, y dejó este mundo con la confianza de que su trabajo tenía mucho significado y que debía quedar en manos de otros.

Gloria vivió a plenitud la vida que recibió, con una fortaleza silenciosa construida sobre la fe. Comenzó con nada y logró todo: una historia de éxito de la vida real.

Joshua

«Peter, ¿quieres decir que no debo quedarme?»

«Nací en esta cama y en esta cama moriré», me dijo Joshua la primera vez que lo visité. Aquí estaba este hombre delgado, frágil y anciano, recostado sobre las almohadas en una gran cama antigua que, sin duda, era una reliquia de familia, diciéndonos cómo sería su muerte. Su esposa y su hija partieron antes que él, y ahora, con su único hijo, Peter, a su lado, Joshua afirmaba algo importante.

Nunca había visto, en una primera visita, a un paciente tan cercano a la muerte como Joshua. Había perdido mucho peso durante las últimas semanas, dormía más y comía menos, hablaba muy poco y su pulso era apenas palpable. Estaba a punto de morir, pero había algo que todavía no se había terminado. Siempre me resulta una experiencia interesante hablar con un paciente y con su familia sobre lo que debe suceder para que un ser querido se sienta libre para partir. Escuchar con atención lo que dice el paciente, siempre te dirá lo que necesitas saber.

Entré a la cocina para hablar con su hijo y su nuera. «Está esperando que le digas que puede irse», dije. «Como padre, siente que te está defraudando al dejarte solo, y no se irá hasta que le des permiso y le digas que está bien». Por cierto, este alto, brillante y bien parecido ejecutivo amaba profundamente a su padre y haría cualquier cosa por ayudarlo. Tanto él como su esposa, Cherry, estaban muy dispuestos a cualquier cosa que pudiera traerle paz. Hablamos sobre la madre y la hermana de Peter, Kathleen, y de la fuerte fe cristiana que le permitía a Joshua saber que estarían esperándolo en el cielo.

Muchas veces, lo más altruista que se puede hacer por un ser querido cercano a la muerte es otorgarle el permiso para irse. Es el regalo que no tiene condiciones y por el cual no hay retribución, a no ser por la seguridad de que has amado bien de verdad hasta el final. Cuando durante la vida se practican el afecto mutuo y el respeto, estos están presentes cuando los necesitas en el momento final. La confianza es un factor de suprema importancia para que una persona pueda soltar la vida si los seres queridos le dan permiso cuando llega la hora. Este hijo y su familia amaban mucho a Joshua y harían cualquier cosa para que este momento le resultara más fácil.

Este maravilloso hijo fue de inmediato al dormitorio, se sentó a horcajadas sobre la cama y miró a su padre del modo más tierno e íntimo.

—Papá, papá, puedes irte en el momento en que sientas que estás listo —le dijo—. Mamá y Kathleen te están esperando. Yo estaré bien, todo está en orden.

Se levantó apoyándose sobre los codos que estaban demasiado débiles como para sostenerlo, con el rostro cerca del de su hijo y preguntó:

—¿Quieres decir que no es necesario que me quede, Peter?

—No, papá, puedes irte en cualquier momento; yo estaré bien —le aseguró.

Joshua volvió a acostarse y sonrió al mirar a su hijo. Oyó las palabras que estaba esperando oír. El permiso de parte del hijo al que tanto amaba para irse hacia su nueva vida con su familia en el cielo. Murió tranquilo tiempo después esa tarde. «Fue el momento más magnífico», me comentó el hijo más tarde. «Mi último regalo para mi padre».

Fue tal como debe ser: una delicada y gentil inversión de papeles en la que el hijo le dio permiso a su padre para irse a estar con sus seres queridos en el cielo. El consuelo que les trajo esta experiencia tanto al padre como al hijo fue maravilloso, y en el caso de este último, perduró el resto de su vida.

Lenora

«Hay un ángel que viene y se para junto a mi cama»

Lenora tenía cincuenta y cuatro años, era la cabeza de una gran familia árabe y se estaba muriendo de un tumor maligno en el cerebro. Su familia nunca se apartó de su lado. La amaban, la bañaban y la alimentaban, y no hablaban sobre su muerte. Se sentaba en la cama sobre sábanas y almohadas preciosas, y en medio del maravilloso aroma de las flores recién cortadas, y a pesar de la cantidad de gente que iba y venía, nadie se preguntaba jamás quién estaba a cargo. Había un ir y venir constante de buena comida, de amigos y familiares, y no cabía duda de que esta buena madre había amado a sus hijos bien y, ahora, le devolvían todo lo que les había dado.

Un día, mientras me encontraba de visita, me pidió hablar a solas, y para el asombro de todos, le pidió a toda su familia que se retirara de la habitación.

—Hay un gran ángel que viene y se para cerca de mi cama. Justo allí —me dijo en tono serio y señaló hacia un rincón de la habitación.

—¿Ahora se encuentra allí? —le pregunté.

—No, viene y va, y siempre me sonríe. Enfermera, cuando veo ese ángel, ¿usted cree que lo veo de verdad?

—Sí, creo que sí —dije—. Cuando ve a ese ángel, está de verdad en esta habitación con usted.

Le expliqué que esta es una experiencia muy común entre las personas que se preparan para partir al cielo y que, muchas veces, Dios les permite vislumbrar seres celestiales antes de que lleguen allí. Sonrió y asintió con la cabeza de manera cómplice mostrándose de acuerdo. Tenía razón.

Las visiones de ángeles, de seres queridos que ya murieron, de familiares que están lejos, los aromas dulces, las flores hermosas y los coros angelicales son experiencias frecuentes para los moribundos. Podemos intentar explicar estas cosas en términos complicados o científicos, pero en definitiva llegamos a la conclusión de que no debemos pretender entender nada. A la larga, esto es un alivio, ya que no perdemos más el tiempo tratando de comprender o explicar las experiencias de una persona moribunda.

Lenora volvió a llamar a toda su familia a la habitación y les dijo: «Cuando les digo que veo a ese ángel junto a mi cama, es porque lo veo». Ese día, no dejó duda en la mente de nadie sobre lo que quería que comprendieran, y muchas veces pienso que de algún modo sabía el consuelo que esta experiencia les proporcionaría más adelante en la vida.

A los que caminan por fe durante su vida, les resulta fácil comprender y aceptar las experiencias espirituales al final del camino. Una vida de devoción hacia los demás trae un dulce contentamiento cuando llega el final.

Lenora murió en paz pocas semanas después, rodeada de familiares y amigos que la amaban, a quienes fácilmente se les podían llamar sus ángeles terrenales. La cuidaron del mismo modo que ella los cuidó, con constancia y atención. Hasta el último momento, siguió siendo una madre.

Gene

«Sé a dónde voy y no le tengo miedo a la muerte»

Gene solo tenía sesenta años de edad cuando le diagnosticaron cáncer de pulmón. Tenía dos hijos apuestos (rubios y de ojos azules), una hermosa hija (de cabello negro y ojos marrones), y una preciosa nieta, a quienes adoraba. Gene llevaba cuarenta y dos años de casado con Teresa, que era la luz de sus ojos, y juntos criaron una familia buena y feliz.

Era un cristiano nacido de nuevo y reflejaba la seguridad de alguien que sabe con certeza a quién pertenece y hacia quién va. Durante la primera visita que le hice, oró con franqueza y con los brazos levantados. Cayó de rodillas ante mí cuando le pregunté si deseaba que orara por él. Aquí estaba este paciente bautista, lleno de fe, nacido de nuevo y con una enfermedad terminal en un mismo espíritu con su enfermera católica irlandesa; casi se podía ver a Dios sonriendo. Gene tenía una personalidad maravillosa, llena de vida, y tenía una relación de mucha confianza con el Jesús que conocía tan bien. Le encantaba hablar acerca de Él y de cómo había llegado a conocerlo. En muchos sentidos, reflejaba lo que llamo «sabiduría antigua» o «sabiduría de las edades».

No me sorprendió en absoluto cuando me dijo un día que su tatarabuelo se casó con una hermosa princesa indígena americana. Esto explicaba el hermoso color de la piel de su hija y de su nieta, y aunque no hablaba muy a menudo al respecto, te dabas cuenta de que su ascendencia lo intrigaba y lo ponía orgulloso. A mí me explicaba su apertura a las cosas espirituales, y a él le daba perspectivas que muchas veces perdemos el resto de nosotros.

Gene comenzó a desmejorarse con rapidez, y durante este lapso de tiempo, parecía buscar a un ser querido de cuya alma había hablado muy a menudo, pero que temía haber perdido. La llamaba por su nombre, una y otra vez, pero parecía incapaz de encontrarla. Estaba ansioso e inquieto en su búsqueda, muy preocupado por no volverla a ver debido a que temía que no era «salva». Literalmente, se podía ver buscándola, y para su familia era difícil contemplar su temor y su dolor. No hubo manera de que encontrara descanso hasta el momento en que pudo confiar en que el compasivo corazón de Jesús lo confortara. Un día, durante mi visita, le recordé que él siempre les había hablado a sus seres queridos sobre Jesús y su amor, y que aunque no podíamos conocer el corazón de esa persona, podíamos confiar en que Dios es misericordioso y compasivo, y que no desea que nadie perezca. Muchas veces, al final de la vida de una persona, Él trae estas conversaciones a la mente y las usa para atraer a esa persona hacia sí. Gene se quedó en calma de inmediato, asintiendo con la cabeza en silencio y nunca más volvió a buscarla. Es en momentos como estos que las enfermeras de los centros de cuidados para enfermos terminales dependemos por completo de la inspiración del Espíritu Santo para que consuele a aquellos a los que Dios nos envía para que cuidemos; no debemos confiar en nuestra limitada perspectiva y comprensión. Es un don que Él nos da para que ayudemos a otros mientras los lleva a casa consigo.

Una noche, cuando Gene estaba muy cerca de su hora de morir y toda su familia estaba arrodillada alrededor de su cama, le pregunté: «¿Quieres que oremos contigo?». Aunque hacía tres o cuatro días que Gene no respondía y estaba demasiado débil como para hacerlo, nos hizo saber con un gemido y un movimiento de cabeza que sí, que le gustaría que oráramos.

Mientras orábamos, se hizo evidente que podía oírnos y lo encontramos orando con nosotros. Con lentitud, pero con seguridad, se incorporó hasta sentarse, con los brazos extendidos bien por encima de su cabeza y oró con palabras que eran cercanas y queridas a su corazón. Por último, después de lo que pareció un tiempo muy largo, se acostó en la cama y cayó en un sueño profundo. Gene conocía muy bien a Dios en la persona de Jesucristo. Tenía una relación muy íntima y de confianza con Él, y murió con el pleno conocimiento de que Dios lo amaba, lo había perdonado y lo había salvado.

Elliott

«A menos que el grano de trigo caiga a tierra»

Elliott era un médico de cincuenta y dos años, muy estimado por sus colegas y amado por su familia y amigos. Un cáncer de colon, hígado y pulmón lo estaba matando con mucha rapidez.

Las presiones de la vida habían hecho que Elliott se volcara al alcohol a comienzos de su carrera y para su familia fue muy doloroso. Él quería hablar sobre esa época de su vida, sobre cómo fue para él y de cuánto lamentaba haberle causado tanto dolor a su familia. Sin embargo, también deseaba hablar de cómo Dios le había revelado su presencia durante los días más oscuros de su vida. Llegó a conocer el perdón de una manera nueva, dijo, y desde entonces, había «conversado y caminado con Él a diario». Esta nueva relación con Jesús mismo lo había capacitado para dejar de beber por completo y, desde entonces, le había permitido llevar una vida amorosa y productiva.

Algunas veces, parece que las personas que fueron adictas al alcohol o a otras drogas tienen más dificultad en el momento de morir que otras. Tal vez los temores que han llevado consigo durante sus vidas y que los han hecho depender del alcohol se manifiestan de una manera más fuerte cuando sus cuerpos están frágiles y tienen menos capacidad para luchar en su contra.

Elliott me confió un día que en más de una ocasión «una criatura» venía a su dormitorio durante la noche y lo asustaba. Dijo que se inclinaba sobre su cama y que era muy fea. Me la describió en detalle y me dijo que le parecía que era una «presencia maligna», tal vez uno de los viejos y desconocidos temores que lo persiguieron en el pasado. No sabía muy bien qué hacer al respecto.

Conversamos acerca de que el mal es real y de que cuando estamos cansados, enfermos o vulnerables, no podemos permitirnos dejarnos vencer por él. Elliott decidió que lo que más necesitaba en este tiempo era la oración, y prometió orar si se repetía la experiencia. Y se repitió, pocas noches después, y esta vez Elliott estaba listo. Como había llegado a conocer a Jesús años antes y se sentía muy cómodo hablando personalmente con Él, exigió que esta «criatura» se fuera en el santo nombre de Jesús. Solo tuvo que hacerlo una vez, y cuando lo hizo, la criatura nunca más regresó.

¿Quién es este Dios del cual la gente como Elliott habla tan a menudo? ¿Cómo es esto de que se da a conocer de maneras tan vívidas y tiernas cuando más lo necesitamos? ¿Dios sabe en verdad lo que sucederá cuando llegue nuestro momento de partir al hogar con Él? ¿Acaso desea crear una suave almohada de visión y comprensión sobre la cual podamos descansar nuestras cabezas? ¿Es verdad que camina tan cerca de nosotros durante nuestra vida para que podamos ir a Él al final sintiéndonos seguros y libres de temor? Elliott pensaba que era así, y fue maravilloso contemplar la intimidad con la que sucedió todo.

Elliot sentía con fuerza que todo en la vida tenía un propósito y un significado, tanto lo bueno como lo malo también. Decía a menudo que durante la vida tenemos el llamado a aprender las lecciones que nos envía Dios. Le encantó que le contara la historia que se encuentra en una de mis novelas favoritas, en la que San Pablo camina por la colina del Calvario y se detiene a mirar las tres cruces que hay allí. Mientras mira, la cruz del centro sobre la que cuelga Jesús cae hacia atrás. «¿Qué ves en los campos detrás de la cruz?», le pregunté. «Campos de trigo. De eso se trata», me dijo con una evidente perspicacia y comprensión. «A menos que el grano de trigo caiga a tierra durante nuestras vidas, no puede llevar fruto para la eternidad». En su mente, Elliott sentía que al morir a sí mismo y al alcoholismo, y al depender por completo de la misericordia y la bondad de Dios, estaba en condiciones de tener verdadera libertad para vivir por primera vez en su vida.

Elliott murió en paz una noche, con su amada familia junto a él. No tenía temor y estaba en paz tanto con su vida como con su muerte, y con las lecciones que Dios le enseñó a lo largo del camino.

Steven

«Quiero tener todo en orden; ¿me ayudarás?»

Steven todavía no tenía cincuenta años de edad. Estaba casado por segunda vez, tenía una hija que no sabía que era adoptada, hijos mayores y un hijo de diez años al que la vida le presentaba muchos desafíos.

Con el diagnóstico de cáncer de estómago y fatigado por las muchas molestias y malestares de la enfermedad, Steven parecía declinar con rapidez y se esforzaba al máximo por poner todo en orden. A su médico le parecía que no moriría pronto y que muchos de los síntomas que tenía los producían los medicamentos. Pensaba que la morfina era la que le daba tanto sueño a Steven y que le minaba toda la energía.

Yo veía la situación de otro modo. No porque fuera más inteligente, sino por las cosas que Steven decía que quería realizar antes de morir. Estaba impaciente y apurado, y yo solo lo seguía por donde me guiaba. Cuando eres enfermera, aprendes a dejar que los pacientes te digan con palabras o con hechos lo que quieren que sepas y aquello con lo que quieren que los ayudes.

Me hablaba mucho acerca de su hijo menor, de su preocupación y amor por él, mientras hacía planes y arreglos a largo plazo para que lo educaran en un internado cuando él muriera. Amaba mucho a sus hijos y deseaba que todos lo supieran. Deseaba dejar todo arreglado para que ninguno de ellos tuviera que responder por asuntos de los que no tenían responsabilidad.

—Su paciente se está muriendo —le dije un día al médico—, tal vez no dure más de cuarenta y ocho o setenta y dos horas.

—¿Cómo lo sabe? —preguntó el médico.

—Porque está haciendo muchas cosas de último momento y porque me dice que se está muriendo —le dije.

El médico tenía más o menos la misma edad que Steven y no podía aceptar que muriera tan joven. Hizo arreglos para que lo vieran en un gran centro médico en otra ciudad al día siguiente.

Un viaje corto y sin incidentes al centro médico no alteró el curso de la enfermedad de Steven, y aunque le pidieron nuevos exámenes, más análisis de sangre y estudios de alta complejidad, todos, menos el médico, podían ver que Steven moría con rapidez.

Un gran grupo de familiares y amigos viajaron para estar a su lado ahora. Un primo, que era como un hermano para él, me preguntó si podían hacer algo que fuera bueno para Steven esa noche. Le pregunté qué hacían casi siempre cuando se reunían. Me dijo que se juntaban en las casas, bailaban la polca y cantaban hermosas baladas polacas. Los alenté a que se quedaran toda la noche e hicieran precisamente eso. El médico de Steven, que todavía creía que este tenía mucho tiempo, estuvo muy de acuerdo con el plan. La enfermera de turno me dijo al día siguiente que en toda su vida, jamás había oído a un grupo que cantara con tanta alegría. Su primo y todos sus amigos contaron las historias graciosas de unos y otros que habían entretejido la trama de sus vidas en común. Le dijeron a Steven cuánto lo amaban y le dieron las gracias por los buenos recuerdos que estaban tan bien marcados en todos sus corazones desde la niñez. Steven murió temprano por la mañana con todos sus mejores amigos dándole la despedida de toda una vida. Había completado todos los planes necesarios para el bienestar de sus hijos y de su familia, y había pasado sus últimas horas con los que más amaba. Fue, como debía ser, vivir la vida a plenitud hasta el final.

Por la mañana, llamé por teléfono al médico de Steven para darle la noticia. Se sorprendió ante la muerte rápida y tranquila que experimentó su paciente, pero se alegró al saber que el final fue tan feliz para él. Me dijo que no planeaba morir a corto plazo, pero que cuando le llegara la hora, esperaba que yo estuviera cerca para decírselo.

Robert

«Cariño, ora conmigo otra vez»

Robert solo tenía cincuenta y cuatro años y agonizaba debido a un cáncer de pulmón. Era un hombre feliz y amoroso que siempre había tenido la última palabra en su vida, una verdadera clase de hombre de los que se hacen cargo de las situaciones. Crió a dos buenos hijos con disciplina y humor, y hacía más de treinta años que estaba casado con su amada Dot. Durante mi primera visita, Robert me dejó hablar, y una vez que terminé, solo dijo: «Me alegro, jovencita, de que usted sea mi enfermera. Ahora bien, por favor, dígame cuándo moriré». No tenía más aspecto de moribundo del que tenía yo.

Le expliqué que su médico y su oncólogo podían decirle todo respecto a su condición médica, los resultados de los análisis de sangre y su pronóstico. Sin embargo, cuando se acercara el tiempo, Dios le hablaría a su espíritu y le diría cuándo se aproximaba su hora. Pareció satisfecho con esa respuesta.

Robert siguió viviendo bien, sentándose por las tardes en el patio y disfrutando de los momentos con su familia y sus amigos. Su sentido del humor mordaz seguía intacto y podía inventar historias con lo mejor de cada uno de ellos. Su casa seguía llena de familiares y amigos que iban y venían, como siempre había sucedido.

Aunque su condición empeoraba y comenzaba a fatigarse con mayor facilidad y frecuencia, nunca tuvo en realidad la apariencia de alguien en estado terminal. Robert tenía un tipo de cáncer que, a menudo, no tiene los mismos efectos devastadores de la mayoría de los cánceres. En algunos procesos, la persona pierde muy poco peso, mantiene un buen color y experimenta poco o nada de cambio en el apetito. Estos pacientes hacen que te preguntes qué está sucediendo en verdad y que dudes en cuanto a si el diagnóstico es certero. Este era el caso de Robert.

Una mañana, Dot me llamó por teléfono temprano. «Robert quiere que venga a verlo ahora», dijo. «Preguntó por usted en cuanto se despertó». Salí de inmediato rumbo a su casa y me encontré con toda su familia allí reunida. Cuando entré a la habitación, Robert me dijo: «¿Recuerda lo que me dijo acerca del momento de morir la primera vez que me visitó? Bueno, hoy es mi día». Estaba sentado en la cama, con una gran sonrisa en el rostro y tenía una apariencia tan normal como la de cualquier ser humano. ¡Me podrían haber engañado con facilidad!

«Ora conmigo, cariño», me dijo con mucha naturalidad. Entonces, nos sentamos en el suelo, cerca de su cama, y oramos juntos. «Gracias», me dijo, mientras me palmeaba la mano. «Puedes volver a la planta baja». Robert era un hombre muy privado, así que andar rondando por allí no era lo apropiado. En su familia se amaban y se comprendían entre sí, y sabían la manera en que cada persona necesitaba que se le amara y se le cuidara. Sabían que Robert sentía que su hora estaba cerca y le creyeron. El día pasó entre amigos que entraban y salían, tal como había sido la costumbre y el estilo de vida, y esa tarde se contaron muchas historias graciosas.

Pocas horas después, Robert pidió que yo volviera a subir. «Cariño, ora conmigo otra vez», dijo. Y eso hicimos. El entorno más cercano a Robert era católico, pero él y Dot se casaron y criaron a sus hijos en la iglesia presbiteriana. De un modo u otro, al final de sus vidas, los que se criaron en la iglesia católica anhelan los rituales y los sacramentos que les son conocidos. Encuentran un gran consuelo en oír y repetir una vez más con los amigos y la familia las oraciones con las que estaban tan familiarizados en su juventud. «Eso es, cariño», dijo, palmeándome la mano y sonriendo. «Eso es». Para todos los que lo conocían y amaban era evidente que Robert estaba muy en paz con su vida y ahora con su inminente muerte. Murió más tarde esa noche en su propia habitación y en su propia cama, cuidado con amor y respeto por su familia y sus amigos, y a cargo de la situación hasta el final.

Robert era un hombre práctico, realista, que veía las cosas tal como eran y no como hubiera querido que fueran. Era de la clase de hombre tranquilo que sigue dándole duro hacia delante, sin mirar atrás. Un hombre bueno, sólido, un marido amoroso que ahora le dejaba sus responsabilidades a los hijos, porque sabía que podían manejarlas muy bien. Ningún motivo para prolongar la situación... solo hacer lo que se debe y hacerlo bien.

Jack

«Puedo ver el tapiz de mi vida»

Un viernes por la tarde, cuando iba de camino hacia un fin de semana de retiro en San Agustín, me pidieron que pasara para darle entrada a un hombre de cuarenta y siete años en nuestro programa para enfermos terminales. Jack se apagaba con rapidez debido a un cáncer de pulmón muy avanzado y estaba ansioso por hablar. Durante las tres horas que estuve allí, Jack hizo un sinfín de preguntas sobre su enfermedad, sobre cuál era mi parecer respecto a lo que debía hacer, sobre qué le sucedería y cómo era la experiencia de la muerte. Tomó nota de nuestra conversación, tanto de las preguntas que hacía como de las respuestas que buscaba, en el bloc que tenía en su regazo. Me contó acerca del «tapiz de su vida» que Dios le había mostrado últimamente y explicó con cuidado lo que significaban los colores de las diferentes hebras y a dónde lo habían llevado. Dijo que ahora comprendía las posibilidades que se le dieron y las opciones que escogió, y al igual que muchos otros pacientes que cuidé, antes y después de Jack, lo que veía no parecía entristecerlo en absoluto, sino que lo ilustraba y lo reconfortaba.

Me fui al retiro del fin de semana, dirigido por un anciano ministro que nos dijo de buenas a primeras que a él no lo habían convocado para este fin de semana, pero que la persona que tenía que venir le había agarrado «la gota». El tema que tenía para el fin de semana era «El tapiz de nuestras vidas», el mismo del cual había hablado Jack conmigo. Durante el fin de semana, el anciano ministro respondió cada una de las preguntas que me hizo Jack, y a mí no me daban los dedos para tomar nota de todo. Esto no fue una coincidencia, y sus palabras eran demasiado importantes y demasiado personales como para no decírselas a Jack.

Cuando terminó el retiro el domingo, recibí una llamada telefónica de la esposa de Jack, Sara, y de su familia para decirme que él quería que pasara a visitarlo de nuevo esa noche. Ahora, sus padres habían venido de otra ciudad para acompañarlo y querían saber si deberían volver a su casa. Al ver que Jack se había desmejorado mucho en solo dos días, les sugerí que hicieran planes para pasar la noche, y eso hicieron. Este era su único hijo.

Entré en la habitación de Jack y saqué todas las notas que tomé en el retiro mientras él miraba su bloc de notas con preguntas. Tuvimos un tiempo de reflexión respecto a lo que él entendía sobre su «tapiz de la vida» y revisamos juntos, nota tras nota, todo lo que dijo el anciano. Cada una de las dudas en su cuaderno recibió una respuesta de la manera más asombrosa e íntima a través de la explicación del ministro. Tanto para Jack como para su esposa fue increíble oír las respuestas que le estaba dando Dios.

Jack era un hombre muy pragmático, que pensaba las cosas una y otra vez, revisaba el pasado con detenimiento y hacía preguntas y encontraba respuestas para el futuro. Dios lo conocía bien y le permitió tener las respuestas a las preguntas importantes de un modo inusual y por medio de una persona inusual. ¿Quién hubiera podido adivinar que las preguntas que Jack haría en esa primera visita recibirían una respuesta total tres días después, por parte de un anciano ministro que ni siquiera pensaba estar al frente del retiro? Nuestro Dios es increíble y fiel.

Durante los tres últimos días, Jack había pensado mucho, y en ese tiempo, Dios se le había revelado de manera aun más íntima que antes. Parece que la hija de Jack estaba viviendo con su novio, y él había tenido una lucha respecto a si debía decirle lo que sentía al respecto o no. No quería separarla de él, pero a medida que Dios el Padre se le revelaba y con dulzura le decía la verdad sobre la vida, Jack supo que debía hacer lo mismo con su hija. Mientras hablábamos sobre esto, se oyó un golpecito en la puerta y su hija menor entró. Se acurrucó a su lado en la cama mientras yo me excusaba para salir de la habitación. A los pocos minutos, su hija entró radiante a la sala, y una rápida mirada a Jack hizo que desplegara una amplia sonrisa y asintiera con la cabeza. Tarea cumplida. El momento no podría haber sido más perfecto.

El cáncer de pulmón de Jack era tal, que su médico me había confiado que su muerte sería muy difícil. De repente, los pulmones se le llenarían de líquido, no podría respirar con facilidad y tendrían que darle sedantes muy fuertes al final para aliviarlo de algún modo. Sugirió que nos mantuviéramos en estrecho contacto y estuvo de acuerdo en ordenar cualquier cosa que fuera necesaria para que Jack tuviera una muerte pacífica.

«Si soy cristiano», me preguntó Jack cuando al fin nos quedamos solos, «y sé a dónde voy y creo en Dios, ¿por qué tengo miedo a morir?».

Hablamos sobre la vida y la muerte de Jesús, con las cuales estaba muy familiarizado. Hablamos sobre la noche antes de que muriera y de cómo les pidió a sus discípulos en el huerto de Getsemaní que se quedaran despiertos con Él, porque tenía temor de lo que sabía que vendría y no quería estar solo.

Le expliqué a Jack que si Jesús, el Hijo de Dios, tenía temor y deseaba la compañía de sus amigos cuando estaba a punto de morir, él no tenía por qué pensar que en su caso debía ser diferente. Aunque Jesús es Dios, como cristianos, creemos que también es hombre y que fue esa parte de Él que se resistió ante lo que tenía por delante. A Jack le gustó la idea de aceptar la voluntad de Dios y de tener miedo al mismo tiempo, y encontró gran consuelo en la comparación entre su experiencia y la de Jesús.

«Cuando te despiertes en medio de la noche y sientas miedo», le dije, «pídele a Sara que venga, te sostenga la mano y se quede contigo hasta que vuelvas a dormirte».

A las tres de la mañana, Jack se despertó y llamó a Sara para que viniera, se sentara junto a él y le sostuviera la mano para no sentirse solo. Eso fue lo que ella hizo. A los pocos minutos, murió en sus brazos, sin una lucha, en paz y sin ningún sedante. Su médico no pudo entender cómo la muerte de Jack sucedió con tanta facilidad. Le conté sobre nuestra conversación de la noche anterior acerca de la muerte de Jesús y le expliqué cómo sus nuevas perspectivas, así como la presencia de su esposa, le habían permitido morir sin trauma, seguro y en paz.

Mark

«Allí está. Puedo verlo. Es hermoso»

Mark era un apuesto hombre de cuarenta y siete años de edad a quien le diagnosticaron cáncer de páncreas que se había diseminado al estómago y al hígado en un lapso muy corto. Toda su vida fue un hombre sociable y atlético, y tanto él como su esposa disfrutaban de una vida plena y feliz juntos. Este diagnóstico de todo punto mortal los conmovió en gran manera, ya que todos sus planes llegaron a un final repentino. Medía dos metros y en muy poco tiempo llegó a pesar sesenta y dos kilos, se encontraba agonizando y tanto él como su esposa lo sabían.

Vivían en un hermoso condominio que miraba hacia un campo de golf con estanques de lirios y palmeras por todas partes. Aunque Mark sabía que se moría, su médico, con quien tenía una relación maravillosa y de confianza, se encontraba en el dilema de hacerle otra cirugía exploratoria o no, para asegurarse de que Mark no tuviera un absceso en el abdomen. Mark era demasiado joven y después de todo, pensó, ¿no había algo más que se pudiera hacer por él?

En una conversación que tuve con su médico a altas horas de la noche, le pregunté si sería tan amable de visitar a Mark y a su esposa en su hogar. Cuando descubrió que vivían muy cerca de su consultorio, accedió.

Esa noche, luego de terminar de atender en su consultorio, pasó por la casa de Mark para estar algún tiempo con él y su esposa. Me llamó de inmediato al salir para decirme que era lo más importante que había podido hacer por Mark y que estaba muy feliz de haber ido. Lo vio en un entorno precioso, con sus seres queridos y sus amigos, libre de dolor y listo para morir. Para Mark, la visita también tuvo mucho significado, porque él y su médico se habían hecho amigos, y este sería el último encuentro que tendrían. Era hora de decir gracias y adiós.

Le expliqué a la joven enfermera que pasaría la noche con él que Mark estaba muy próximo a su muerte y le sugerí que no debía sorprenderse de cualquier cosa que pudiera ver. Me confesó que nunca antes había estado con un paciente moribundo y que sentía un poco de aprensión. La tranquilicé lo más que pude, le di mi número de teléfono y la alenté a que me llamara a cualquier hora, por cualquier cosa. No pensé que Mark pasaría la noche.

La llamada llegó a las cuatro de la mañana. Mark había muerto. ¿Debía ir? La esposa de Mark y la enfermera explicaron con excitación que la respiración de Mark había cambiado con mucha rapidez. De repente, sus ojos se abrieron de par en par y sobreponiéndose a su debilidad se sentó en la cama con los brazos elevados y una gran sonrisa, y dijo: «Allí está. Puedo verlo. Es hermoso». Y reclinándose hacia atrás exhaló su último suspiro y murió.

A su esposa le pareció que Mark había vislumbrado el cielo justo en el momento en que entraba y se sintió atemorizada y consolada a la vez ante la idea de que estuviera tan entusiasmado por lo que veía.

Mark amaba mucho a su esposa y a su vida, y no quería dejar a ninguna de las dos. Sin embargo, durante esos cuarenta y siete años había vivido y amado bien de verdad, más de lo que muchos viven y aman en una larga vida. Al final, rodeado por los que más lo conocían y lo amaban, y con la sensación de seguridad que le brindaba su entorno, pudo morir con la dignidad y la gracia de la que dio muestras durante su vida.

También le trajo mucho bienestar que el médico se quedara cerca de él y que se preocupara de forma genuina por él. A esto se le llama muchas veces una «buena muerte».

Marian

«Nunca hubiera imaginado que mi madre tuviera tal paz y calma»

Marian era joven, tenía cincuenta y tantos años de edad, vivía sola y agonizaba de cáncer de ovario. Vivía en una pequeña y desordenada casa móvil, cerca de un camino muy transitado, y la primera vez que la visité descansaba en una cama de hospital en el rincón de la pequeña sala. Su hijo joven, que había vuelto del ejército a casa beneficiado por la ley que protege a las personas con familiares graves a cargo, la cuidaba con gran amor y ternura. De inmediato, pude ver que Marian se encontraba en el proceso activo de la agonía, en el que sufría mucho dolor físico y emocional. Nunca abrió los ojos durante los treinta minutos que la visité y sus blancas manos se aferraban huesudas a las barandas que había a ambos lados de la cama. Le pregunté a su hijo si había un ministro que ella quisiera que la visitara, pero me dijo que no. «Se crió en el catolicismo», dijo, «pero se casó muchas veces. No quiere que haya ningún ministro ni pastor ahora, solo quiere los rituales finales justo antes de morir». Sin embargo, parecía que Dios quería más para ella.

Me senté sola con Marian en el pequeño rincón de la casa móvil que era su dormitorio y le expliqué que Dios le estaba preparando un lugar en el cielo. Le dije que Dios la amaba mucho y que solo quería que fuera a casa con Él y que se sintiera segura en sus brazos. Le conté la historia del buen pastor y de cómo amaba a todas las ovejas de su manada por igual, incluso a las que habían estado extraviadas por algún tiempo. Le recordé que, durante nuestras vidas, todos vagamos y perdemos el camino, pero que Dios se aparta del camino una y otra vez para traernos de vuelta. Todos somos esa oveja a la cual Él nunca pierde de vista y que yo había visto muchas veces hasta dónde era capaz de llegar para ayudarnos a encontrar nuestro camino de vuelta hacia Él.

Le dije que tenía un amigo maravilloso que era ministro, y que sabía que vendría a verla si ella lo deseaba. Intenté por todos los medios consolarla y darle seguridad acerca del gran amor y de la gran aceptación de Dios hacia ella. No dio señales de haber oído nada de lo que le dijera, mientras mantenía los ojos cerrados con fuerza y se aferraba con firmeza a las barandas de la cama de hospital.

Una vez que conseguí el medicamento para el dolor y le expliqué al hijo cómo dárselo, me fui, no sin antes asegurarle que llamaría en poco tiempo para ver cómo estaba y decirle que podía llamarme por cualquier cosa al localizador.

Dos horas después, mientras me encontraba en el funeral de otro paciente, recibí una llamada del hijo de Marian. «¿Usted le dijo a mi madre que tiene un amigo ministro que podría venir a visitarla?», me preguntó. «Bueno, quiere que venga a verla ahora».

A continuación del funeral, le comenté al ministro Seamus O'Flynn que necesitaba que viera a Marian enseguida. Canceló una cita para un almuerzo y fuimos directamente a verla. Tres horas después, su hijo llamó para decir que en todos los años que conocía a su madre, nunca la había visto con tanta paz y calma. «Se ve hermosa», dijo, «simplemente hermosa, y sonríe». Dios quería que Marian supiera cuánto la amaba y envió a este amable pastor para asegurarle la realidad de ese amor. Para ella fue un gran regalo, pero fue un regalo aun mayor para su hijo, que vio el toque sanador de la misericordia de Dios por primera vez en su vida. El hijo de Marian y yo seguimos en contacto durante muchos años y, a menudo, hablaba acerca de la visita del pastor esa tarde especial y del efecto que había tenido en el último día de su madre. Dijo que de la misma manera había cambiado su vida.

Marian murió en paz esa noche mientras su hijo le sostenía la mano, con el absoluto conocimiento de que Dios la amaba y de que tenía asegurado su lugar en el cielo, a salvo y sin temor.

Lennie

«Cuando llegue el momento de partir, ¿me lo dirás?»

Lennie tenía unos cincuenta y cinco años de edad y le habían diagnosticado cáncer de colon con una metástasis generalizada en los huesos. Él y su esposa eran pobres, viviendo con escasos ingresos en una zona rural y con tres niños pequeños. Su familia lo amaba mucho y lo cuidaba con ternura, y ellos eran la única preocupación de su vida.

«Ayúdame a vivir lo más que pueda y a hacer todo lo posible en el lapso entre ahora y el momento de mi muerte», me dijo. «Y cuando llegue mi hora, ¿me lo dirás?». Le aseguré que haría todo lo que me había pedido por él y su familia, y que le diría cuándo llegaría la hora.

El estado de Lennie declinó con rapidez. Cada día comía menos y dormía más horas y, al final, pudieron controlarle bien el dolor, lo cual fue muy importante para él y su familia. Estaba alerta y tan ocupado como su enfermedad se lo permitía, y cada día deparaba algunas alegrías y tenía nuevos significados.

Pasó tiempo con cada uno de sus hijos, conversando con ellos y amándoles por horas y horas, también hacía planes con su esposa para cuando llegara el momento en que no estuviera más a su lado.

Lennie me había contado la principal preocupación que tenía en cuanto a sus hijitos. «No quiero que la última imagen que tengan mis hijos de mí sea sobre una camilla, muerto, mientras me sacan por la puerta de entrada», me dijo. «Si me dices el día en que moriré y haces los arreglos para que pueda ir al hospital y estar cómodo, estaré muy agradecido». Le prometí que lo haría.

Una mañana, visité a Lennie en su casa y me di cuenta de que se encontraba en el proceso de la muerte. «Ahora es tiempo de ir al hospital», le dije y él me respondió con una suave sonrisa de aceptación y consentimiento. Les dijo a sus hijos que necesitaba ir un rato al hospital y que volverían a verlo más tarde ese día. Ellos no entendieron que papá no volvería a casa, pero la valentía en el rostro de aquel padre y el acto absolutamente desinteresado de pensar solo en sus hijos ha quedado grabado para siempre en mi alma. No había tiempo que perder.

Con unos trámites acelerados, pudimos lograr que lo admitieran en el hospital local en muy poco tiempo. Sentado en la cama, débil pero sonriente, pidió ver a sus hijos, uno a uno, y después a su esposa. Uno por uno, los pequeños entraron solos a su habitación y cerraron la puerta detrás de sí. Les dijo a cada uno que se iría al cielo en el que creían todos, y les explicó lo que esperaba de cada uno de ellos. Habló del futuro de sus hijos como si fuera a seguir formando parte de ese futuro, y les aseguró que los vigilaría y los vería convertirse en los jóvenes de los que siempre estaría orgulloso. Fue muy conmovedor ver sus caritas y oír estas palabras importantes que su padre les dijo con tanta valentía.

Cuando terminaron todas las visitas, Lennie pidió estar a solas con su esposa. Los niños se sentaron en silencio en el pasillo, al lado de la puerta. La última visión de los dos juntos que tuve fue acurrucados en la cama abrazados. Él murió en los brazos de su esposa una hora después.

Lennie fue un padre en el verdadero sentido de la palabra. Participaba de manera activa en la vida de sus hijos todos los días, y parecía normal que sintiera que siempre sería así. Conocía bien a cada uno y, al final, les habló de una manera que reflejaba este conocimiento. Lo que hizo y cómo lo hizo reflejaron la intimidad de sus relaciones, y no me cabe la menor duda de que, hasta el día de hoy, recuerdan lo que les dijo a cada uno.

Jackson

«¿Sabes cuánto te ama Dios?»

Jackson tenía sesenta y cuatro años, pero parecía de noventa. Era un viejo marino, sin dientes y desaliñado. Según su propio relato, durante la mayor parte de su juventud y de su vida adulta había transitado un camino lleno de mujeres ligeras y transgresiones. Ahora que agonizaba, le pidió a una de sus ex esposas que regresara a casa para que lo cuidara hasta el final. A menudo, conversaba con Dios después de una de mis visitas a Jackson, y le pedía que nunca me pusiera en una situación como la de la ex esposa de Jackson. Me parecía que no tendría la suficiente amabilidad como para manejar las cosas tan bien.

El primer día que lo visité, Jackson me confesó todos sus pecados con lujo de detalles, muchos de los cuales hubiera preferido no oír. Lo hizo con toda la humildad y sinceridad que puedas imaginar. Parecía querer contarle a alguien todo sobre su vida y todas las cosas que hizo, y todos los errores que cometió. Su rostro y sus palabras revelaban tal pena y remordimiento que me movieron a la compasión.

«¿Tienes idea de cuánto te ama Dios en verdad?», le pregunté una vez que terminó. «¿Sabes que te perdona todos tus pecados porque lamentas haberlos cometido y se lo has dicho?»

Levantando sus frágiles y marchitos brazos, dijo en voz alta: «¡Sí, lo sé!». Quedé sorprendida ante la seguridad y la fuerza con la que habló. ¿A esto se refería Jesús cuando habló del hombre en la Escritura con una fe mayor de la que había visto en todo Israel? Pienso que vi y oí esta fe en ese preciso momento y lugar, con esta alma arrepentida.

Jackson sabía lo que significaba el perdón desde la perspectiva de Dios. De algún modo, sabía que no te ganas la entrada al cielo, sino que llegas allí porque Jesús murió por ti, porque Él te ama. Pienso que sabía que el perdón comienza en el momento en que reconocemos lo injustas que son nuestras acciones y nos arrepentimos.

Jackson murió en paz una noche, solo, pero seguro en los brazos de su Padre, confiando por completo en su amor y perdón.

No pensaba que se había salido con la suya ni que Dios era un bonachón ingenuo que lo pasaba todo por alto. En su propia opinión, había sido un gran pecador, pero de algún modo sabía que el amor de Dios era mayor que sus pecados. Su humildad le permitió aceptar el perdón, arrepentirse y morir en paz. Las lecciones que aprendes de esos a los que sirves son importantes, y las llevas contigo el resto de la vida. Parece que cuanto mayor es el pecado, más amorosa es la mano de Dios.

Hank

«*No me lo dijiste, ¿no es cierto? ¿Cómo lo mantuviste en secreto?*»

Hank tenía setenta años, vivía con su esposa, con la que llevaba cuarenta y tantos años de casados, y agonizaba de cáncer de pulmón. El único hijo que tenían estaba en prisión por un crimen atroz, y no hubo pedido de nuestra parte, a través de correspondencia, en persona, o mediante diputados, capellanes, guardias u oficiales locales que pudiera cambiar el hecho de que Hank nunca volvería a ver a Shawn en persona.

Cada vez que lo visitaba, Hank me decía: «No moriré hasta que haya visto a Shawn. Hay cosas que necesito decirle y cosas que necesito pedirle que haga».

Oré con todas mis fuerzas para que de algún modo, se pudiera hacer algo. Le pedí a Dios que interviniera en este caso y que le diera a Hank paz antes de morir. Rogué por un milagro que les permitiera verse, pero no sabía qué clase de milagro podía ser, ya que se habían agotado todos los recursos hasta donde yo podía ver.

Un jueves, bien avanzada la tarde, me detuve a visitar a Hank y a su esposa. Hank, que a esta altura se estaba muriendo, descansaba en la cama con una hermosa y amplia sonrisa en el rostro.

—No me lo dijiste —comentó con un brillo en los ojos cuando entré en su habitación—. ¿Cómo lo mantuviste en secreto?

Pensé a toda velocidad y devolviéndole la sonrisa le dije:

—No, claro que no te lo dije, ¿verdad?

Dio unos golpecitos contra el borde de la cama para indicarme que quería que me sentara y escuchara.

—Shawn vino a visitarme hoy —dijo—. Se quedó cerca de una hora. Se veía maravilloso.

Señaló el costado de la cama donde se había sentado Shawn, y explicó con lujo de detalles la ropa que llevaba puesta, de qué color era y cómo lucía. La principal preocupación de Hank en cuanto a su hijo era que supiera que él lo amaba mucho y que lo había perdonado. También quería pedirle que se mantuviera en contacto con su madre, que la llamara por teléfono y que la amara, aunque tuviera que pasar el resto de su vida en prisión. Shawn accedió y le prometió a su padre que se ocuparía de ella lo mejor que pudiera. Todo esto le parecía muy natural a Hank, y lo explicó con palabras muy sencillas. Se sintió muy reconfortado al haber podido ver a su hijo, recordar la visita y oír la promesa de su hijo respecto a su madre. He visto la certeza y la naturalidad que acompañan a estas experiencias inexplicables tantas veces a través de los años, y debo admitir que siempre me dejan muda de asombro. Su esposa, por otra parte, no podía creer que Hank estuviera convencido de verdad de que había visto a Shawn y pudiera contar este suceso con tanta claridad y detalle.

El pastor de la iglesia metodista de Hank, que vino de visita más tarde ese día, nos explicó que como Dios es Dios, puede hacer cualquier cosa, y nos recordó que Jesús, después de su muerte y resurrección, había entrado al Aposento Alto para estar con sus apóstoles sin abrir ninguna puerta. ¿Por qué cuestionábamos su habilidad para permitir que Hank experimentara cualquier cosa que Él sabía que le daría la paz para soltarse e ir al hogar con Él? Hank murió la noche siguiente feliz y agradecido.

Merideth

«No puedo morir hasta que vea a Walter»

Merideth tenía tan solo cincuenta y cuatro años de edad y un cáncer de útero que se había diseminado por todo su cuerpo la estaba matando con rapidez. Había criado sola a sus cuatro hijos, después de divorciarse del hombre con el que estuvo casada veinte años, cuando este tuvo una aventura amorosa con su mejor amiga y vecina.

El oncólogo decía que ya tendría que haber muerto. «Es piel y huesos, y sigue resistiendo. Debe descubrir por qué y qué es lo que la retiene». Tuvo la bendición de tener un médico que estaba en sintonía no solo con su cuerpo, sino también con su mente y su espíritu. Él sabía que era su hora, y quería que pudiera partir en paz.

Quedaba muy poco tiempo para descubrir lo que retenía a Merideth en esta tierra, pero después de una corta conversación con sus hijos, empecé a comprender. Hacía mucho que Merideth había perdonado a su esposo por el dolor que les había causado a ella y a sus hijos al dejarlos, pero nunca se lo había dicho en persona. Lo comprendía muy bien y sabía que sin su perdón nunca estaría en condiciones de perdonarse a sí mismo. Su preocupación era que, una vez que muriera, él siempre se sintiera culpable y nunca pudiera encontrar la paz y ser el padre que necesitaban sus hijos. «No», dijo, «no puedo morir hasta que vea a Walter. Sencillamente, no puedo».

Debíamos lograr este encuentro de inmediato. Después de muchas llamadas telefónicas, por fin encontré a Walter una tarde a eso de las cinco. Le expliqué en qué circunstancias y condiciones estaba Merideth, y que necesitaba verlo de inmediato. Se subió al primer avión y estuvo en la habitación de ella más tarde esa misma noche.

Merideth y Walter estuvieron a solas durante horas. Más tarde, él nos contó que ella le había dicho que lo había perdonado por completo largo tiempo atrás y que quería que lo oyera de sus labios ahora. Quería que se perdonara a sí mismo antes de que ella muriera. Dijo que sabía que era algo difícil, pero que si podía hacerlo, sería un mejor padre para sus hijos adultos, porque no tendría borrones en su cuenta. Quería que se conocieran y se amaran entre sí, y esta era la única manera en que pensaba que podía ser posible.

Podría haber decidido retenerle el perdón a su esposo durante todos esos años, pero no lo hizo, y al hacerlo se liberó a sí misma. Ahora que iba a morir, quería estar segura de que Walter también se sintiera en libertad para amar a sus hijos y para recibir su amor a cambio.

En la tranquilidad de ese dormitorio, se perdonaron el uno al otro y a sí mismos por todo lo que sucedió entre ambos. Se otorgaron el regalo de la paz y esto le permitió a Merideth morir tranquila durante la noche, mientras que sus hijos y Walter permanecían junto a su cama.

Ralph

«Mi esposa siempre quería que fuera a la iglesia con ella, pero no lo hice. Supongo que solo fue por testarudo»

Ralph era un hombre malhumorado de setenta y cuatro años con cáncer en ambos pulmones, que también se había extendido hacia la columna. Su esposa y sus dos hijos lo amaban muchísimo, pero él era incapaz de mostrarles mucho cariño. Siempre había estado listo para satisfacer sus necesidades diarias de comida, vivienda y ropa, pero no estaba en condiciones de mostrar la cantidad normal de afecto que uno esperaría encontrar en la familia.

En esa casa había una soledad que podía sentirse en cada rincón de todas las habitaciones: una tristeza tácita y la sensación de que la gente que vivía allí nunca había tenido una relación estrecha, sino que solo vivía bajo el mismo techo. Y ahora, todos hacían el máximo esfuerzo por encontrar alguna clase de terreno común entre ellos, de modo que este período pudiera ser bueno.

—¿Eres religiosa? —me preguntó Ralph un día mientras lo visitaba en su casa (para entonces, nos habíamos hecho buenos amigos).

—Bueno —le dije—, si te refieres a ir corriendo hasta el primer banco de la iglesia los domingos y parecer una santita, diría que no. Pero si me preguntas si amo a Dios y creo en Él y creo en que Él me conoce y me ama, sí.

Pareció gustarle cómo sonaba.

—Bueno, mi esposa siempre quería que la acompañara a la iglesia y que hiciera lo que todos hacen allí —dijo—, pero nunca me llevé bien con esas cosas. Supongo que era por testarudo, pues no quería dar mi brazo a torcer para que ella no pensara que se había salido con la suya.

A estas alturas, Ralph estaba haciendo una revisión intensiva de su vida, de lo bueno y de lo malo, de las opciones que había tenido y cómo se había comportado con los que formaban parte de su vida y con sus necesidades diarias. Lo que veía no le gustaba en absoluto y era muy sincero consigo mismo. ¿Cuál sería la respuesta que recibiría ahora?

Pasamos muchas horas hablando sobre quién era Dios, por qué nos creó, por qué nos ama y a dónde vamos cuando morimos. Este hombre, que nunca había hablado mucho sobre sí mismo, ahora buscaba respuestas y maneras de comprender su comportamiento, sin saber bien qué preguntas hacer. Él, al igual que muchos de nosotros, no había entendido el amor incondicional y no podía comprender que ahora Dios lo amara tanto, con todos sus defectos.

Podía relacionarse con un «creador», una persona que estuviera al mando de todo y que mantuviera el orden como él lo había hecho. Sin embargo, por más que lo intentaba, le resultaba difícil comprender a un Dios que lo amaba de manera personal y sin reservas. Dijo que no había experimentado esa clase de amor en su propia vida cuando era joven y que, por lo tanto, no podía dar ni recibir esa clase de amor en su familia. Esto había causado mucha tristeza, soledad y malos entendidos con sus hijos y su esposa, y le pesaba mucho en el corazón en ese momento de su vida. Conversamos acerca de Jesús y de cómo Dios el Padre lo había enviado a Él, su único Hijo, a la tierra para mostrarnos el camino hacia Él. Para Ralph era un concepto nuevo por completo, pero pudo conversar sobre esto durante algún tiempo y, al fin, lo hizo suyo. Pienso que a estas alturas estaba tan listo para que lo amaran, para que lo amaran de verdad, que se lanzó de lleno y con los brazos abiertos hacia esta nueva verdad. San Agustín se refiere a este espacio vacío dentro de nosotros cuando dice: «Nuestros corazones han sido creados solo para ti, oh Dios, y no pueden descansar hasta que descansan en ti».

Un día, mientras hacía algunas compras, encontré una placa que mostraba a Jesús caminando entre las nubes con los brazos extendidos, dándole la bienvenida al cielo a alguien. Se la compré a Ralph y él me pidió que la pusiera en la pared junto a su cama, de modo que pudiera verla cuando girara la cabeza. Mirarlo le proporcionaba gran consuelo. Con el transcurso del tiempo, comenzó a entender el verdadero significado del amor y de la vida, y pudo pasar más tiempo tranquilo con su familia. En especial, disfrutaba de tener cerca a sus nietos. Algunas palabras que para ellos eran extrañas por completo, siguieron siéndolo, en esencia, pero Ralph reflejaba una nueva medida de paz que su familia no había visto antes. Murió tranquilo una noche, mientras su familia estaba en la habitación contigua, del mismo modo en que había vivido. Tal como sucedió en vida, permaneció un tanto alejado de ellos, pero siempre estuvo pendiente en realidad.

Ralph amaba mucho a su familia, pero no tenía una fuente de recuerdos ni de experiencias en la que pudiera sumergirse en busca de guía. Cuando las circunstancias de la vida se presentan de este modo, se necesita una enorme cantidad de amor y perdón. Dios permaneció cerca de Ralph hasta el final y, por primera vez en su vida, le permitió tener una visión fugaz del amor incondicional. Esto permitió que su familia viera un lado suyo que nunca antes había conocido, lo cual los liberó de la dureza de corazón que podrían haber llevado el resto de sus vidas. Las lecciones que se deben aprender siempre están en ambas caras de la moneda.

Carl

«Pronto estarás en el cielo con Jesús»

Carl tenía setenta y siete años y vivía con su tercera esposa en una casita hecha de bloques prefabricados de cemento, cerca de las afueras de la ciudad. Un cáncer de hígado y de estómago le estaban quitando la vida, pero de entrada, podía verse que se encontraba en una misión. Era el tiempo de Acción de Gracias, y a Carl le encantaba esta época del año, así que estaba muy dispuesto a todo lo que le ofreciera la vida hasta el final.

Carl era un hombre muy espiritual; sin embargo, había abandonado su fe años atrás y hacía mucho tiempo que no asistía a la iglesia. No obstante, continuó recitando las pequeñas oraciones familiares que decía en su niñez. Buscaba una forma de volver, pero nunca parecía encontrarla. Ahora, indagaba una manera segura de ir al hogar, una manera de encontrar solaz y consuelo de Dios que nunca lo había dejado, y él lo sabía. ¿Cómo se llegaba a esto? ¿De qué manera Dios atraería a Carl de vuelta a esa paz y seguridad que anhelaba encontrar?

Llegó diciembre y en mi iglesia comenzaron los preparativos para la Navidad con un pesebre viviente que armamos cada año. «¿Te gustaría venir a verlo?», le pregunté a Carl una tarde durante la visita, pocos días antes de que comenzara la actividad. «Veremos», dijo, «veremos». Necesitaba tiempo para pensarlo y para considerar cuánto esfuerzo le exigía llegar hasta allí.

«¿Puedes pasar a buscarme?», me preguntó la misma noche de la actividad, alrededor de una hora antes de que comenzara. Salí corriendo hacia su casa y entre su esposa y yo lo abrigamos con su pijama, su bata y una gorra de lana, y lo cubrimos con frazadas y lo llevamos a la iglesia, donde había comenzado a caer una ligera nevada. Sacamos su frágil cuerpo del auto, lo colocamos con suavidad delante de la escena navideña al aire libre, donde amigos de la iglesia le prepararon un lugar especial de honor. Poco a poco, las luces bajaron la intensidad, la nieve continuó cayendo y la música empezó a sonar. Carl miraba con fijeza las caras de los que representaban a María, a José y al bebé Jesús en el pesebre. Era como si lo estuvieran mirando directamente a él, y se inclinaba hacia delante lo más que podía para no perderse ningún detalle. Vio a los pastores, a los tres sabios y a todos los niños vestidos de ángeles. Carl permaneció sentado inmóvil con el rostro bañado en lágrimas mientras el coro cantaba «Noche de paz» y «Oh aldehuela de Belén». Nunca más volvió a ser el mismo hombre.

Una paz maravillosa lo invadió y enfrentó cada día con una nueva calma y serenidad. Muy tarde una noche, me llamó por teléfono para ver si podía conseguir que lo fuera a ver un ministro. Se preguntaba si este podría ir «de inmediato». Sin vacilar y en medio de la noche, mi buen amigo el ministro O'Flynn fue a hacer una importante visita. No necesitó explicaciones. Solo tuve que pedírselo y darle la dirección, y él se encargó de encontrar la manera de llegar hasta allí.

A las tres de la madrugada, mientras la familia se encontraba sentada en la habitación contigua, Carl habló con el ministro acerca de su vida, sobre lo que había hecho bien y sobre aquello en lo que se había equivocado. Cuando terminaron, el ministro invitó a toda la familia para que regresara a la habitación. Lo rodeó con un brazo y con el otro me ayudó a levantarlo en la cama; entonces le dijo: «Carl, pronto estarás con Jesús en el cielo. Sé que te veré algún día». Fue un momento para un cuadro de Rembrandt. Nadie podía moverse, nadie podía respirar. Fue un momento de consuelo y sanidad para todos. Un encuentro con Jesús como nunca antes había visto.

Carl murió esa noche, con la apariencia de alguien que estaba en el cielo antes de exhalar su último aliento.

Las oraciones de Carl durante todos esos años no se habían perdido, sino que el Dios que lo creó y lo amó las escuchó. ¿Quién hubiera soñado que la escena del pesebre viviente, con copos de nieve en Florida esa fría noche de diciembre, fuera el momento que Dios escogió para tocar el corazón de Carl y traerle consuelo? ¿Cómo explicar el tierno efecto que tendrían las palabras de este humilde ministro sobre todos los presentes en la reunión de esa mañana? ¿Quién sino Dios mismo puede pensar en las muchas maneras de tocar a sus hijos?

Louis

«Ya no se parece a papá»

Louis tenía tan solo cuarenta y un años de edad, pero agonizaba. Era el hijo de Robert, quien fuera mi paciente hacía más de dieciocho años y cuya historia narré en un capítulo anterior. Estaba divorciado y criaba solo a su hija de trece años, y ahora agonizaba debido al mismo carcinoma altamente maligno de pulmón por el que murió su papá.

Louis tenía muchas preocupaciones. ¿Adónde viviría mientras agonizaba? ¿Qué sucedería con su hija después de su muerte y cómo manejaría las cosas durante este tiempo?

Su familia insistió en que se fuera a vivir con ellos. Su madre, su hermano y su muy amada hija estarían todos juntos. Se hicieron los trámites para que su tío adoptara a la niña, ya que la había amado desde que era pequeña. Ahora estaba todo arreglado y se harían las cosas de la mejor manera posible durante algún tiempo.

Louis se desmejoraba con rapidez, pero nadie en la casa sabía muy bien cómo hablar con su hija acerca de lo que sucedía. Sabía a ciencia cierta que su padre moriría y con su consejero escolar podía hablar sin problemas de cómo se sentía, pero le costaba encontrar las palabras para expresarse en el hogar. Luego de mucho aliento por parte de quienes la amaban y estaban a su lado la mayor parte del tiempo, por fin estuvo de acuerdo en que era hora de hablar sobre sus temores y pensamientos con su tío, su abuela y los que participaban en el cuidado de su padre.

«Ya no se parece a papá», dijo un día, en medio de las lágrimas. «No puede hacer nada de lo que solía hacer. Es muy triste». Estaba acostumbrada a un padre fuerte y joven, capaz de hacer de todo y le resultaba muy difícil verlo de esta manera. El cambio fue tan drástico y veloz que no le dejó mucho tiempo a una jovencita de trece años para comprender nada de lo que sucedía, y tampoco encontraba las palabras para describir cómo se sentía. Cuando por fin pudo hablar, lo hizo con el corazón, contando lo mucho que lo amaba, cuánto lo extrañaría y que sabía que un día lo volvería a ver en el cielo. Parecía suficiente para ella, porque el dolor de ver a su padre en ese estado era demasiado para ella.

Temprano una mañana, me llamó el hermano de Louis. «Algo ha cambiado», dijo. «¿Podría pasar a vernos?» Cuando llegué a la casa, Louis estaba sentado en su silla favorita en el cuarto de estar y conversaba con su hija mientras ella se preparaba para ir a la escuela. La jovencita se acercó a su silla e inclinándose lo abrazó y lo besó. Él le devolvió una mirada llena de amor, sabiendo muy bien que sería la última vez. La siguió con la mirada hasta que llegó a la puerta; ella se dio vuelta y lo saludó con la mano.

Su madre subió a la planta alta para darse una ducha y su hermano se fue a comprar medicamentos, así que Louis y yo nos sentamos a conversar.

Habló sobre su enfermedad, sobre lo que le había hecho, lo extraño que era pasar por el mismo proceso de su padre, sobre la velocidad con que parecían desarrollarse los hechos, y sobre lo agradecido que estaba con su madre y su hermano por amarlo y cuidar de él y de su hija. Hablamos sobre su padre que estaría esperándolo y sonrió al sugerir que su padre tendría un largo sermón que darle.

Luego de hablar un rato, Louis dijo: «Por favor, acompáñeme hasta la puerta». Se levantó con rapidez y se dirigió directamente hacia la puerta de entrada. «No, no, esa puerta no», dijo, mientras volvía a su silla. «Lléveme al baño», dijo de repente y caminó con tanta rapidez por el pasillo que tuve dificultad para seguirlo. Al pasar junto a un dormitorio, tomé aprisa una almohada que le coloqué en la espalda justo cuando se sentaba en el inodoro. Louis se marchitaba con rapidez, así que oré con todas mis fuerzas para que su madre terminara su ducha y viniera cuanto antes, eso fue lo que hizo. Cuando entró en el baño, supo de inmediato lo que estaba sucediendo y parada entre el lavabo y el inodoro, lo envolvió con sus brazos y lo atrajo hacia sí. Justo en ese momento, se abrió la puerta del frente y su hermano, que había regresado de las compras, entró al baño y se arrodilló a su lado. Todos sabíamos que Louis estaba a punto de morir.

«Dios te está preparando un lugar en el cielo ahora», le dijimos. «Tendrás una visión fugaz de cómo es antes de irte». Sacamos la almohada detrás de su espalda y la colocamos sobre las rodillas en el momento en que comenzaba a inclinarse hacia delante. Apoyó la cabeza, miró a su hermano directo a los ojos y dijo: «Ya puedo ver un poquito». Cerró los ojos y murió.

Nos quedamos allí parados y sonreímos, porque sabíamos que su padre, que tenía un gran sentido del humor, estaría allí para recibirlo y le diría: «¿No podrías haber venido de una manera más digna que sentado en un inodoro?». Reímos y lloramos juntos, la madre que lo amaba con intensidad, el hermano que se estaba haciendo cargo de todo en su lugar y la enfermera que tuvo el privilegio de experimentar este precioso momento con todos ellos.

Delia

«Vendrás a estar conmigo cuando llegue mi hora; voy a depender de ti»

El esposo de Delia, Ralph, fue mi paciente años atrás. Desarrollamos una buena amistad en los años que siguieron, y cada vez que escribía o me llamaba, decía: «Recuerda que vendrás a estar conmigo cuando llegue mi hora. Voy a depender de ti». Siempre le aseguraba que ya fuera en persona o por teléfono, frente a una gran taza de café o durante un almuerzo, estaría a su lado cuando llegara su hora.

Delia había envejecido y no podía permanecer sola en su casa. Era muy independiente, así que a los hijos les costó bastante ayudarla a entender que estaría mucho más feliz si no tenía que preocuparse más por el cuidado de una casa. Por fin accedió, y su familia la trasladó a un encantador centro para ancianos que brindaba un cuidado excelente, tenía una vista hermosa y le daba la posibilidad de conocer nuevos amigos. Enseguida, Delia se sintió satisfecha y les preguntó a sus hijos por qué no habían pensado antes en esta alternativa. Le recordé que era un tanto testaruda y que no hubiera ido a ninguna parte hasta no estar lista y preparada. Al poco tiempo de estar instalada allí, recibí una llamada de uno de sus hijos que me hizo salir disparada hacia la Unidad de Cuidados Intensivos de uno de los hospitales de la zona.

Era probable que Delia hubiera tenido un ataque de apoplejía y luego se hubiera caído y fracturado la cadera, o que primero se cayera, se fracturara la cadera y después tuviera el ataque. Era imposible saber lo que sucedió primero y el tiempo entre la caída y el momento en que la hallaron era igualmente difícil de medir. Se programó para el día siguiente la operación que le practicarían a esta frágil anciana de ochenta y cinco años en un intento por tratar de reparar la cadera con una seria fractura. Todos sabían que era una cirugía riesgosa, pero que era necesaria si se le quería dar algo de calidad de vida. Pienso que Delia tenía algo distinto en mente.

Cuando entré a la habitación esa noche, Delia volteó la cabeza y me miró a los ojos con esa «mirada conocedora» que siempre había visto en su rostro. La expresión que reflejaba denotaba que sabía todo lo que sucedía a su alrededor, todo lo que le estaba sucediendo. Delia sabía que estaba muriendo, y sonrió mientras yo cruzaba la habitación, me paraba junto a su cama y le tocaba el brazo con suavidad.

«¿Recuerdas, Delia, que siempre dijimos que estaríamos cerca cuando llegara tu hora?», le pregunté. Se le llenaron los ojos de lágrimas y asintió. «Bueno, esta es tu hora. Dios te está preparando la entrada al cielo y verás a Ralph muy pronto. ¿Estás lista?». Asintió con la cabeza sin dejar de mirarme por un momento. «¿Te gustaría que ore contigo?», le pregunté. Y mientras sonreía, me tomó las manos entre las suyas, las sostuvo cerca de su corazón y cerró los ojos.

Oré para que Jesús se le revelara, para que la rodeara con sus brazos y enviara a su Espíritu Santo para iluminarla y consolarla. Le pedí que reclinara la cabeza sobre el hombro del Señor y le permitiera abrazarla. Pude ver cómo daba vuelta la cabeza y la acurrucaba en la almohada, como una niña que se acurruca en el regazo de su madre. Tenía muchísima paz. «Tan dulce», murmuró. «Tan dulce». Y se quedó dormida. Delia siempre había dicho que deseaba que una amiga que la amara y a quien ella amara estuviera a su lado cuando entrara al cielo. Qué regalo tan maravilloso fue para mí poder cumplir esa promesa, hecha hacía tanto tiempo atrás, de estar a su lado en el momento de su muerte. Dos horas después, Delia entró al cielo muy tranquila y, después de todo, no necesitó la operación.

¿Quién otro sino Dios mismo puede orquestar un final como ese en el que responde las oraciones de la persona a la que está llamando a casa de una manera tan directa e íntima? Sus hijos, que la amaban mucho, se sintieron muy aliviados al no tener que operarla y al saber que había encontrado la paz final. Sintieron que había recibido la sanidad definitiva que había anhelado toda su vida. Murió como quería, en compañía de una amiga.

Kathleen

«El reino de los cielos se ha acercado»

Kathleen tenía setenta y dos años de edad y vivía sola. Una hermana anciana vivía cerca y la visitaba todos los días, a la vez que se esforzaba al máximo por hacer que su vida fuera mejor. Hacía largo tiempo que Kathleen tenía una enfermedad terminal y había sufrido mucho durante el proceso. A pesar de que solo tenía setenta y dos años, parecía una anciana de noventa y estaba tan delgada y frágil que no podía moverse por su cuenta. La primera vez que la visité, pude ver que a Kathleen no le quedaba mucho tiempo de vida, así que lograr que estuviera cómoda y sin dolor era lo más importante para su bienestar. Enseguida, hicimos los arreglos para que esto fuera así, y en menos de lo que canta un gallo, se encontró experimentando días buenos y pacíficos. Mientras tanto, entablamos una pronta amistad, como sucede tantas veces cuando el tiempo es corto y las palabras, junto con la compañía, son lo más importante.

Cuando comenzaba a conocer a mis pacientes, siempre les preguntaba sobre su fe. Era enriquecedor oír cómo Dios se da a conocer a su pueblo. Kathleen me ayudó a comprender el concepto del «reino de Dios» al que tantas veces hace mención la Escritura y cómo se relaciona con el aquí y ahora tanto como con el cielo. Comprendía el poder de la oración y la idea de orar unos por otros por las diversas necesidades y cómo, al hacerlo, experimentamos ese reino aquí en la tierra.

Como madre de cuatro hijos, necesitaba toda la ayuda que pudiera conseguir, así que tenía el hábito de pedirles a mis pacientes que oraran por mis hijos. Les encantaba la idea de tener que hacer algo por mí, y más de una vez soltaban una risita cuando, en algún día malo con mis muchachos, les pedía que oraran en voz más fuerte al Señor para que no se le pasara por alto el pedido urgente.

Un día, justo cuando llegaba a su puerta, Kathleen levantó una mano delgada y huesuda, y sonrió con la sonrisa más dulce que jamás hubiera visto, una sonrisa celestial, diría. Mientras sonreía, me dijo: «Trudy, ¿recuerdas lo que hemos hablado acerca del reino de Dios? Bueno, está aquí, a mi alcance. No tengo que esperar mucho más». Descubrimos juntas que el reino de Dios, aquí en la tierra, nos rodea por todas partes. Lo encontramos en la gente que nos pone en el camino y, muchas veces, en el camino mismo que quiere que transitemos. Lo encontramos en quienes nos enseñan y en esos de los que aprendemos. Dios se acerca para sanar nuestros corazones y nuestras almas a través de experiencias que Él permite que tengamos juntos.

Kathleen murió pocos días después, segura del lugar al que iba y una vez que me enseñó muchas maneras nuevas de comprender el reino de Dios.

Robin

«El amor debe parecerse a esto, y debe ser bueno»

Robin tenía treinta y cuatro años de edad y estaba lleno de vida, con sus alegrías, sus tristezas, sus tiempos buenos y felices, y todos sus vacíos. Robin tenía una hermana melliza, Melody, con la cual disfrutaba de un vínculo muy amoroso y especial. Eran como dos mitades de un mismo todo, y sin palabras ni acciones, casi siempre sabían con exactitud lo que el otro estaba pensando, lo que necesitaba, deseaba o expresaba.

Robin agonizaba de una forma atroz de melanoma maligno que le cubría casi todo el cuerpo, y todo lo que su melliza podía hacer era observar, llorar, orar y estar a su lado. Trataba de ser todo lo que él necesitaba y más también. Después de todo, era su otra mitad la que estaba tan enferma y se moría.

El padre de Robin murió un año antes. Cuando Robin fue diagnosticado y se decidió que era muy poco lo que se podía hacer por él, regresó a la casa para recibir el cuidado de su madre italiana, siempre atenta, generosa y llena de amor. No había nada parecido a Anita. Era decidida, estaba llena de fe y determinación, con un humor y una tenacidad que rara vez se ven en el mundo de hoy. Planeaba ocuparse de que Robin recibiera el mejor cuidado todo el tiempo, sin dejar de apretar el acelerador, sin dejar piedra sin remover ni obstáculo que vencer, tal como era su manera de ser. Enseguida le puse por sobrenombre «la mariposa de hierro». Acababa de perder a su marido, y su madre, que estaba cerca de los noventa años, necesitaba mucho cuidado amoroso. Ahora su amado Robin se moría. ¿Cómo podía manejar tanto dolor una madre? En poco tiempo, aprendí que toda su vida había sido una vida de fe y de absoluta confianza en el amor de Dios y en su divina presencia a su alrededor. Tenía un espíritu resistente que no se doblegaba con facilidad ante nadie ni ante nada.

Y allí estaba Robin, justo en medio de las cosas, haciendo todo lo posible por mantener el control, con gran dolor, pero con humor y tenacidad, y lograba que las cosas se hicieran, pero con gran comprensión de su parte. Como nunca se había casado, muchas veces hablamos sobre el amor, de qué se trata y qué significaba o no. En su mente joven, estaba descubriendo muchas cosas y el amor incondicional era una de ellas, ¿de qué otra manera podría lidiar con todo lo que le sucedía?

Tratamos por todos los medios de aliviar el sufrimiento de Robin a medida que aumentaba su dolor. Él, por otra parte, estaba agradecido por tener la oportunidad de ofrecerle su sufrimiento a Dios al pasar mucho tiempo orando por otros. El poder que tiene esta clase de oración es inmenso, y sus explicaciones acerca de cómo ofrecía sus sufrimientos a Dios, me dejaban pasmada muchas veces. ¿De dónde provenía esta clase de fe y de amor?

El ministro Bob lo visitaba con regularidad a petición de la madre de Robin. ¿El pastor Bob sabía cómo ministrar a Robin, cómo consolarlo y guiarlo? A mí me parecía que no. Era demasiado formal, no era lo bastante cercano y accesible para mi modo de pensar. Como soy irlandesa y resuelta, decidí pedirle a un joven pastor, de treinta y cuatro años, que pasara algún tiempo con Robin. Hasta lo fui a visitar un día y hablamos sobre cómo podíamos llevar a cabo esta acción. El joven tenía la misma edad de Robin, tenía intereses similares y podía identificarse con él de una manera más estrecha, al menos eso pensaba yo. Me pidió que oráramos al respecto y conversáramos en otro momento.

Una noche, mientras conversaba con Dios acerca de una manera para que esto fuera posible y mientras le explicaba con lujo de detalles cómo debían ser las cosas, Dios dejó muy en claro que debía dar un paso hacia atrás. Su mensaje fue tan claro que en los lugares más recónditos de mi alma me veía sacando las manos de un gran horno con llamas muy calientes. «Deja que el ministro Bob se quede justo donde está», escuché. «Tengo que hacer una obra en él también».

A partir de ese día, nunca cuestioné la voluntad de Dios en cuanto a que Bob participara de la vida de Robin. A menudo conversábamos sobre la difícil situación de Robin y de lo joven que era para morir. Le conté la necesidad que tenía Robin de que una figura paterna le diera permiso para morir, a fin de que pudiera entregarse cuando llegara la hora. El pastor Bob me sonreía y me palmeaba la mano, y me decía que no era todo tan sencillo. Era muy paciente y muchas veces nos reíamos al coincidir o disentir, mientras que cada uno trataba de hacer que el otro entendiera su punto de vista. Pienso que, durante esos meses, ambos aprendimos del otro mucho más de lo que nos dimos cuenta.

A medida que Robin se acercaba al momento de la muerte, la familia se reunía aun con mayor frecuencia que antes y no lo dejaban sin atención ni por un momento. Se turnaban en las vigilias de la noche, con la luz tenue de las velas que parpadeaban y las oraciones que se repetían noche y día. Robin tenía una amiga especial, Cheryl, que lo amaba de verdad. Ella fue la que estuvo con él y con su familia cuando murió. Parecía muy adecuado que alguien a quien amara, con la que compartió tanto tiempo y la que fue tan buena con él estuviera ahora a su lado.

Días antes de que muriera, me encontraba sentada en un banquito al lado de su cama y le sostenía la mano. Poco a poco, puso su brazo alrededor de mis hombros, sonrió y dijo: «El amor debe ser así y debe ser bueno». Robin había completado el círculo en su comprensión del amor incondicional, que para él era la manera en que Dios nos ama a todos. Era hermoso ver con cuánta claridad lo sabía ahora y cuánto lo confortaba este conocimiento.

La vida de Robin fue una experiencia de aprendizaje, no solo para él y para los más cercanos a él. Fue una escuela para cada persona que Dios trajo dentro de su círculo durante su tiempo en la tierra. Aprendimos mucho de Robin en sí, de la devoción que le tenía su hermana, del interminable amor de su madre y de su sacrificio por él, y de todas las lecciones que Dios nos presentaba a lo largo del increíble camino de su joven vida.

Una noche, cuando Bob oraba a solas con Robin, este le preguntó: «Pastor, ¿qué debo hacer?». El ministro se levantó de un salto y se paró cerca de su cama. Tomó la mano de Robin en la suya, lo alentó a ir hacia Dios el Padre cuando escuchara que lo llamaba por su nombre. Le habló sobre el plan de Dios para él y de la sanidad definitiva que encontraría en el cielo. Robin estaba muy necesitado que una figura con autoridad le diera esta indicación. Estaba muy necesitado de este hombre, en este lugar y en este momento para que le diera la indicación y el permiso que necesitaba para morir. Dios, en su infinita sabiduría y amor, puso al hombre adecuado al alcance de Robin, sabiendo con exactitud lo que tanto él como el ministro más necesitaban.

Después de la muerte de Robin, visité a Bob y le conté lo que pensé y sentí respecto a él en un principio; ambos nos reímos por la testaruda manera de pensar de los dos. Nos reímos de buena gana y hablamos sobre las cosas que cada uno de nosotros tenía que aprender. Luego, me dijo meneando la cabeza: «Nunca sabrá lo que Dios ha hecho por mí durante este tiempo, ¡nunca!».

Imagina cuánto se hubiera perdido si Dios no me hubiera dejado bien en claro su mensaje ese día o si yo no hubiera escuchado y obedecido. Cuando Él quiere captar nuestra atención, lo hará de una manera u otra. Las lecciones que aprendimos a través de esta experiencia durarán toda la vida para ambos.

Es imposible describir lo que significó la pérdida de Robin para su madre y su hermana. Para ellas, está vivo hoy como siempre lo estuvo y solo tienes que verlas durante un momento para recordar la inmensidad de su amor y devoción hacia él. La joven vida de Robin estuvo llena de significado y se vivió muy bien.

Tim

«Trudy, ahora estoy en paz»

Tim tenía veintinueve años de edad y era guapísimo. Era un gran golfista, experto jugador de tenis y estaba casado en segundas nupcias con la hermosa Rebeca. Entre ambos compartían dos hijas adorables y una nueva vida maravillosa. El diagnóstico fue melanoma maligno y lo descubrieron un año después de la boda en un chequeo médico de rutina, con la sugerencia de investigar más a fondo. El resultado fue grado cuatro, nada bueno, le quedaba muy poco tiempo. Con mucha rapidez, la metástasis se diseminó por el hígado, el estómago y el cerebro. Todo parecía una pesadilla; no era posible que esto fuera real. Era muy joven y amaba mucho a Rebeca y a sus hijas; además, comenzaban juntos una nueva vida. Sin embargo, Tim enfrentó las cosas tal como eran y no como hubiera deseado que fueran, y de manera lenta, pero segura, comenzó a poner las cosas en orden.

A medida que progresaba su enfermedad, Tim tenía cada vez menos capacidad para hacer las cosas por su cuenta. Ahora bien, puedes imaginar lo difícil que debe haber sido esto para un hombre tan joven e independiente, y que estaba acostumbrado a tener todo bajo control. Rebeca siempre fue muy sensible y paciente al permitirle hacer solo todo lo que pudiera, al no querer quitarle nada de su dignidad. Aun así, no era fácil. Cuando el equilibrio se convirtió en un desafío mayor para él, sugerí un trípode, que es una estructura con tres patas que puede facilitar la tarea de caminar. Al principio, Tim se quejó ante la idea de algo tan grande, tan pesado y difícil de manejar. Cuando no quería hacer algo, no lo mantenía en secreto. Pero al fin, y con gran renuencia, accedió a probar uno, con sus condiciones, cuando nadie lo mirara, y tímidamente admitió que le gustaba. Tim era muy independiente por naturaleza y así siguió hasta el último día de su vida; logró una lista de cosas que siempre había querido hacer. Ahora se encontraba en un gran apuro, y con la ayuda de su maravillosa esposa, las hizo todas. Un viaje a Yellowstone con toda la familia y un paseo en globo al atardecer fueron solo algunos de los regalos y sorpresas que su esposa le hizo realidad contra todas las probabilidades y a tan solo semanas de morir.

El sentido del humor siempre había sido una parte importante en la vida de Tim y esto no cambiaba ahora. Una tarde, se fue solo a la funeraria para realizar los arreglos finales. Después de todo, era graduado de la Universidad de Florida y quería asegurarse de que los colores azul y naranja de la universidad bordearan su ataúd. Llegó a la casa mientras yo estaba de visita y entró riéndose ante la conmoción del director de la funeraria por el plan que tenía en mente. Dijo que liquidó al pobre tipo.

Tim quería reunirse con el pastor de la iglesia metodista cercana a su hogar para planear su propio funeral, de modo que el servicio fuera un recuerdo significativo para su familia.

Quería que fuera optimista, no triste, con música alegre. Quería que reflejara todo lo que era más importante para él en la vida. Quería que el recuerdo de ese momento fuera bueno para sus hijas y consolador para la esposa que tanto amaba. Estableció una entrevista temprano una mañana con un maravilloso ministro al cual llegó a conocer y amar en los días que le quedaban. No podría haber escogido a un hombre más compasivo que el pastor Gene para hablar sobre las cosas importantes de la vida, y juntos planearon el servicio que celebraría su vida joven y muy plena. Más tarde, el pastor Gene nos dijo que al escoger las lecturas y la música para el día y al compartir la comunión, nunca antes había sido tan consciente de la presencia de Cristo.

Tim permaneció tan ocupado como su enfermedad se lo permitía, intentando con todas sus fuerzas dejar la mayor cantidad de cosas en orden, y tratando de no concentrarse demasiado en lo que le sucedía en realidad. Aunque era realista de verdad, el dolor que sabía que experimentarían su esposa y sus hijas al perderlo solo podía compararse con el dolor que sentía al dejarlas. Un día, de manera inesperada, Tim me dijo: «Trudy, usted sabe que no quiero morir, pero por nada del mundo cambiaría este último año. Nunca amé tan bien y nunca he sabido cómo aceptar el amor tal como lo hago ahora».

Un día, cuando me detuve a visitarlo, Tim dejó en claro que quería conversar en privado, conversar en serio.

—Estoy perdiendo el control —dijo—, por favor, ayúdeme. Tengo temor de enojarme con las niñas o con Rebeca un día, como me sucedió cuando se me cayó el jabón en la ducha esta mañana. Simplemente se me cayó y no pude valerme por mí mismo para recuperarlo. No pude inclinarme para levantarlo.

Habló con tanta angustia y tristeza en los ojos, que pensé que se me iba a romper el corazón por él.

—¿Qué puede hacer para ayudarme? —me preguntó.

—No tengo nada para darte que pueda cambiar las cosas físicas que te suceden —le dije—. Aunque pienso que si hablamos con Dios sobre ellas, Él te ayudará como yo no puedo hacerlo. Él sabe todo lo que te sucede, y solo Él comprende lo que hará que este tiempo sea más fácil para ti.

Tim, sentado a mi lado en el sofá, solo asintió con la cabeza en señal de aprobación.

—¿Quieres que oremos juntos? —le pregunté.

—Sí, por favor —me respondió.

—Ya sabes que soy irlandesa —le dije—, así que, ¿podemos tomarnos de las manos?

Se acercó y tomó mis manos entre las suyas, sin palabras, e inclinó la cabeza.

«Padre celestial, tú prometes que cuando dos o más están reunidos en tu nombre, tu Hijo divino está siempre presente entre nosotros. Señor, te tomamos la palabra. Señor Jesús, te pedimos que ahora estés presente aquí en esta habitación con Tim. Por favor, rodéalo con tus brazos, sostenlo cerca de tu corazón, dale la paz que solo tú puedes dar. Por sobre todas las cosas, ayúdalo a ver cuánto lo amas, cuán cerca estás de él ahora y cuán seguro está bajo tu cuidado».

Durante algunos minutos, permanecimos sentados en silencio y, luego, Tim se fue a su estudio para estar a solas. Rebeca y yo tomamos una taza de té en la cocina durante la siguiente media hora. Amaba muchísimo a este hombre y hubiera dado cualquier cosa con tal que lo que le estaba sucediendo no fuera realidad. Sin embargo, sabía que no podía cambiar ni un ápice de la situación. Tenía una valentía increíble.

Cuando me iba, Tim insistió en acompañarme hasta la puerta y la cerró detrás de sí.

«Ahora tengo paz», dijo con calma, mirándome directo a los ojos, «y no hay nada que pueda quitármela».

En cada visita o llamada telefónica a partir de ese día hasta el momento en que murió, Tim me recordó de manera muy reconfortante que tenía paz. Ahora, Dios había puesto una mano suave y tranquilizadora sobre su alma, y él lo sabía.

«¿Podría regresar este fin de semana para llevar a las niñas a tomar helado?», preguntó.

«El sábado estaré allí, ¿está bien?». Le prometí que iría el sábado para esta salida especial y me preguntaba por qué había decidido que fuera un día para comer helado.

Llegó el sábado y, a media mañana, las niñas estaban vestidas y listas para salir. Tim buscó en su bolsillo y sacó con dificultad el dinero para los helados.

«¿Puedo invitarlas yo esta vez?», le pregunté.

«Muy bien, solo esta vez», dijo. «Tómate tu tiempo, Trudy, y gracias». Habló con suavidad y les dio un beso de despedida a las niñas, a la vez que les decía que se divirtieran y que la pasaran bien. Sus ojos reflejaban con claridad que comprendía que su tiempo estaba cerca, y este tiempo a solas con Rebeca era de suma importancia para él. La valiente fachada de ser «papá» para ellas hasta el final era impactante y me producía un dolor en el corazón demasiado profundo como para expresarlo con palabras. Cuando alguien que está tan cerca de la muerte te mira con la completa certeza de que tú sabes y ellos saben que están muriendo, las almas se tocan y nunca vuelven a ser las mismas. Ahora, tendrían su tiempo tranquilo a solas, Tim y Rebeca.

La heladería fue una experiencia divertida y escogimos detenidamente los sabores que queríamos. Nos tomamos nuestro tiempo para disfrutar de cada cucharadita y regresamos al auto para el corto viaje de regreso a casa.

«¿Podemos detenernos aquí?», preguntó la más pequeña cuando pasábamos junto a un gran cementerio a la derecha. *¿En verdad se refiere al cementerio?*, me pregunté. «Sí, por favor, podemos entrar y te mostraré dónde estará papá».

Sin decir palabra y con el corazón en la boca, giré para entrar al hermoso cementerio que estaba sobre la calle principal. Las niñas saltaron juntas del auto y sabían a la perfección hacia dónde ir.

«Papá estará justo aquí, junto al gran árbol», dijo una de las niñas mientras señalaba una parcela de tierra con un lozano césped verde recién cortado, debajo de un alto árbol. «Mire qué hermoso es. Los patos siempre están en el agua y el sol brilla todo el tiempo». Las dos niñas se quedaron una junto a la otra mirando hacia el lago donde sepultarían a su padre. Estaban felices de que fuera tan hermoso y que estuviera cerca de su casa, así podían visitarlo con frecuencia. Tim y Rebeca habían venido hasta aquí con las niñas para mostrarles dónde estaría papá. Qué increíble valentía de parte de los dos padres jóvenes hacer algo tan conmovedor y amoroso por sus hijas. Con cuánta naturalidad parecían hablar las pequeñas sobre este tema con ellos; no con facilidad, pero sí con mucha naturalidad.

Tim murió esa noche, descansando en los brazos de Rebeca, mirándola a los ojos y amándola hasta el último minuto. Ella estuvo con él hasta el final y eso fue lo más importante de todo.

Para los que acaban de salir de los brazos del Padre, como los niños, la muerte y la transición parece más natural y no llevan el temor que nosotros desarrollamos como adultos. Estas dos pequeñas recibieron la amorosa preparación de ambos padres para la pérdida que iban a experimentar. Por más dolorosa que fuera esta pérdida, ese tiempo tan especial de preparación les dejó una suave almohada de comprensión que no hubieran tenido de otra manera. Esta joven y emotiva pareja se amaban con intensidad, y a pesar de que el dolor de la imperiosa pérdida era demasiado profundo para expresarla en palabras, se amaron y se apoyaron el uno al otro con mucha valentía hasta que los días se agotaron.

Jess

«Creo que ve a Jesús»

Jess, de unos setenta años de edad, se había casado muchas veces y tenía hijos y nietos que ni siquiera conocía. Se puso en contacto con su hija menor y le preguntó si podía ir a su casa para morir allí. La hija que casi ni conocía le dijo que sí de inmediato. Todos teníamos lecciones que aprender. Contemplamos a esta hija que no solo cuidó a su padre agonizante con amor y ternura, sino que también le enseñó a su propia familia, a través del ejemplo, a hacer lo mismo.

Jess estaba a punto de ser amado como nunca antes y de una manera que no creía que fuera posible. Había muchos niños en la casa, pero su nieto de seis años, John, se puso al frente. Puso una alfombrita en el suelo para poder dormir junto a la cama de hospital del abuelo y con una cuerda para la ropa que puso como puerta improvisada, transformó el cuarto de estar en el nuevo dormitorio del abuelo. Casi nunca se apartaba de Jess, y cuando tenía que salir de la casa, lo primero que hacía al volver era correr junto al abuelo para ver cómo estaba. El tierno lazo que enseguida se estableció entre ellos nos recordó a todos que siempre es un niño el que nos guía.

Jess se desmejoraba con rapidez debido a un diagnóstico de cáncer de estómago que se había extendido a otras partes del cuerpo. Pensaba y hablaba sobre todas sus ex esposas y los hijos y nietos que procreo, pero que no conocía. Como todos nosotros, había cosas que hubiera deseado hacer de otro modo, y a menudo, les confesaba su pesar a los que le rodeaban.

De algún modo, se corrió la voz de que Jess estaba «en casa» y se estaba muriendo. Muchos familiares de cerca y de lejos encontraron la manera de ir a visitarlo. Los medios hermanos se conocieron por primera vez y se divirtieron mucho tratando de descubrir quién venía de cada familia y cómo era el parentesco. En conjunto, proporcionaron el ambiente de paz, perdón y amor que Dios quería que Jess experimentara en este momento de su vida, y él estaba profundamente agradecido por todo.

¿Por qué nos lleva toda una vida aprender las lecciones que el pequeño John nos estaba enseñando? ¿Por qué nos cuesta tanto perdonar y amar a los que tenemos a nuestro alrededor? ¿Cuándo aprenderemos de verdad que solo Dios sabe lo que pone en nuestros canastos cuando nacemos y que, por lo tanto, nadie más que Él puede juzgar nuestras acciones? ¿No sería grandioso si todos nos aceptáramos unos a otros tal como somos y confiáramos en que Dios hará el resto? Él solo nos pide que amemos como Él lo hace, y nos envía a un niño precioso como John para mostrarnos cómo hacerlo.

Una tarde, mientras me encontraba de visita, Jess me preguntó: «¿Cómo puede ser que ya los vea», refiriéndose a sus padres que habían muerto años antes, «a la vez que todavía puedo verla a usted?». Hizo la pregunta con mucha naturalidad y reflejaba una nueva aceptación del aquí y el más allá. Le expliqué que Dios lo estaba preparando para llevarlo pronto al cielo y que, mientras su alma se alistaba para dejar su cuerpo, este todavía no estaba listo para partir. A lo largo de muchos años de cuidar a pacientes terminales, las enfermeras dedicadas a esto llegamos a entender, de una manera muy tangible, que el cuerpo, el alma, la mente y el espíritu están íntimamente conectados, y que Dios, que nos creó como un todo, llama a la persona completa. Cuando se atiende a cada uno de estos elementos, entonces y solo entonces, la persona está en condiciones de pasar en paz a la siguiente fase de su vida, que es la muerte.

Todos los días, John se sentaba cerca de la cama del abuelo, lo tocaba con suavidad y miraba televisión con él. De manera lenta, pero segura, la vida de Jess se marchitaba, pero no sin antes encontrar el amor incondicional y perdonador que había buscado toda su vida. Lo encontró todo a través de John.

—¿Cómo se siente? —preguntó John momentos después que muriera el abuelo.

—Puedes tocarlo si quieres —le dije y él acercó con suavidad su manito para apoyarla sobre el rostro del abuelo.

—¿Qué hay en sus ojos? —preguntó.

—Puedes abrirlos y mirar para ver si lo deseas —dije.

Poco a poco, John se subió a la cama y cuando abrió los ojos del abuelo dijo:

—¡Creo que ve a Jesús!

Esto parecía muy natural para alguien tan pequeño que no estaba contaminado por la necesidad del mundo de interpretarlo todo. El abuelo estaba en el cielo ahora, y para John tenía pleno sentido que estuviera mirando a Jesús. Muchas veces, de la boca de los niños salen piedras preciosas.

Al ver que John todavía no estaba listo para irse y que quería pasar algún tiempo más con el abuelo, salimos y cerramos la cortina para separarlo del resto de la casa. Alrededor de quince minutos después, cuando yo había terminado con todos los arreglos para el funeral, espié a través de la cortina que hacía las veces de puerta, y allí estaba el pequeño John, subido a la cama, sentado a horcajadas sobre su abuelo, con los brazos alrededor de su gran vientre, profundamente dormido.

Johnny

«Aun así, imagínate que no creo en Él, ¿qué sucede entonces?»

Johnny era un gran bebedor y fumaba un cigarrillo tras otro. Había vivido solo durante largo tiempo, separado de su único hijo, a quien abandonó cuando era niño. Ahora, cuando Johnny le pidió que lo cuidara, este hijo accedió a hacerlo. Johnny era una persona bastante difícil de tratar, y ahora que le habían diagnosticado cáncer inoperable de pulmón, era aun más difícil complacerlo o hacerlo feliz. Estaba enojado y cansado, y no recibía bien ninguna clase de amabilidad o ayuda. Por alguna razón que no comprendo muy bien, la gente cascarrabias y al parecer mezquina siempre me ha intrigado. Pienso que siempre he tenido la impresión de que deben tener algún lado bueno del cual ni siquiera ellos están enterados, y yo quiero encontrarlo.

El hijo accedió a cuidar de su padre en su casa hasta tanto fuera seguro hacerlo, y eso fue lo que hizo. Como era bombero, conocía demasiado bien los peligros que corre la gente mayor que vive sola, y aunque muy de vez en cuando salía de la ciudad, quería estar seguro de que llegado el caso, su padre estaría a salvo. A medida que Johnny empezó a desmejorarse, a menudo olvidaba tomar los medicamentos que le quitaban el dolor y le ayudaban a respirar. Sin embargo, después que se olvidara apagar el fogón demasiadas veces, se tomó la decisión de ingresarlo a un hogar para ancianos enfermos. Se acostumbró enseguida y parecía agradecido por estar bien cuidado allí.

Johnny repetía una y otra vez que no creía en Dios, pero muchas veces lo traía a colación en las conversaciones, de la nada y sin ninguna razón aparente. En medio de una conversación sobre cualquier otro tema, Johnny preguntaba enojado cómo era posible que la gente inteligente creyera en un Dios al que no podían ver. Pensaba que los que creen son débiles y dependientes, y no tenía tiempo para ellos ni para su manera de pensar. A menudo decía: «Aquí viene esta santurrona», cuando lo visitaba en el hogar para ancianos, pero al mismo tiempo, me ofrecía una gran sonrisa y me guiñaba el ojo. Pienso que miraba la cruz que llevo puesta como un símbolo de algo que no comprendía y que, al mismo tiempo, quería y no quería saber de qué se trataba. No teníamos idea de lo que Dios tenía en mente para ablandar este corazón que anhelaba algo o a alguien que todavía no comprendía.

Entablamos una amistad muy dulce a lo largo de los siguientes tres o cuatro meses, y ambos sabíamos que su tiempo se acortaba. Su hijo observaba con gran sorpresa cómo su padre se dulcificaba, de manera lenta pero cierta, en su trato hacia él, y aunque no conversaban con franqueza de las cosas del corazón, su hijo entendió que quería hacerlo, pero no sabía cómo. Parecía suficiente que ambos se comunicaran con un gesto amable o una palmada en el hombro.

Johnny había sido un ávido fumador toda su vida y seguía siéndolo, incluso ahora. Solo se le permitía encender y disfrutar su cigarrillo fuera de la casa, en los jardines. De vez en cuando, me pedía que lo llevara afuera en su silla de ruedas para una «fumadita». Sin embargo, a medida que se debilitaba más, le costaba mucho sentarse en la silla de ruedas y salir de ella. Un día, me preguntó si podía llevarlo «por última vez» al portal cerrado donde también estaba permitido fumar. Los dos sabíamos que su hora estaba cerca, así que fuimos.

Allí sentado, fumando su cigarrillo, miró hacia arriba a la pared que tenía frente a sí, y señalando un famoso cuadro de Jesús que golpea a la puerta, me preguntó qué significaba.

—Es un cuadro de Jesús—le dije—, y la puerta es tu corazón. Jesús llama a tu puerta. Dime qué ves en el cuadro que es diferente.

Se inclinó hacia la pintura lo más que pudo y dijo:

—La puerta no tiene picaporte. ¿Por qué?

—Dios es tan tierno y amable con nosotros que no entra por la fuerza —le dije—. Quiere que tú le abras desde adentro y lo invites a entrar. Esta puerta debes abrirla tú, desde adentro. Él solo quiere venir a tu corazón para que lo conozcas y para llevarte consigo al cielo.

No pareció desconcertado en lo más mínimo ante mi explicación, pero sonrió con suavidad y confianza mientras lo llevaba de vuelta a su habitación.

— Aun así, imagínate que no creo en Él, ¿qué sucede entonces? —preguntó.

Mientras lo arropaba en su cama para la noche, le sugerí que solo le dijera a Dios que nunca había creído en Él y que le pidiera que, por favor, le mostrara si existía en realidad.

—Dile que te arrepientes de cualquier cosa que hayas hecho mal en la vida, y pídele que te lleve al cielo con Él, si es allí dónde está —le sugerí.

Sonrió al despedirnos, y ambos sabíamos que era la última vez.

Aquí estaba un hombre solitario y enojado que hubiera muerto solo de no haber sido por un hijo perdonador y amoroso que lo recibió cuando más lo necesitaba. Aquí estaba un hijo que pudo dejar de lado las heridas del pasado y aceptar a su padre tal como era para respetarlo y cuidarlo sin retenerle nada. Aquí estaba un hombre que, quizá, había estado buscando a Dios toda su vida, pero que no sabía cómo encontrarlo. Y aquí estaba Dios, dejado de lado todo el tiempo, con el deseo de consolar y amar a esta alma perdida.

Johnny murió temprano en la mañana del día siguiente. La enfermera llamó para decirme que después que me marché, no se había movido más y que se había dormido en paz. Me pidió que le avisara a su hijo que estaba fuera de la ciudad y me preguntó si yo iría a buscar su ropa y sus cosas, ya que necesitaban el lugar para otro paciente.

Más tarde esa mañana, mientras estaba en el hogar de ancianos, pasé por el portal donde Johnny y yo estuvimos sentados la noche anterior. Al no ver el cuadro en la pared, le pregunté a la enfermera qué había pasado. Reaccionó con sorpresa y me dijo que nunca había habido un cuadro de Jesús en esa pared y que, en efecto, era el único portal que tenía el edificio y que era allí donde él estuvo sentado fumando un cigarrillo junto a mí la noche anterior. Una vez que examiné el portal y la pared en busca de marcas de clavos o borrones, me di cuenta de que tenía razón. Nunca hubo colgado un cuadro de esa pared. No hace falta decir que quedé sin habla al igual que ella. ¿Quién puede explicar el asombroso poder de Dios?

Margaret

«Quiero ver cada cosa bonita en mi nuevo hogar»

Margaret era una anciana independiente de noventa años que había vivido sola en el mismo pequeño departamento durante más de cincuenta años. Ahora, frágil y en agonía, con un diagnóstico de cáncer de estómago, quiso morir en su propia casa una vez que rechazó cualquier otra forma de tratamiento para su enfermedad.

Cuando Margaret ya no podía cuidarse a sí misma de una manera segura, sus enfermeras la convencieron para que fuera a pasar los días que le quedaran en el centro de atención para enfermos terminales. No estaba muy feliz de dejar el que fue su hogar durante cincuenta años, pero al darse cuenta de que ya no era seguro quedarse sola, con renuencia, aceptó. Enseguida se enamoró de la belleza del lugar y de la gente que la cuidaba.

La noche que la admitieron, recibí una llamada de una trabajadora social que me dijo que Margaret deseaba verme con un abogado para hacer lo necesario de modo que sus posesiones terrenales fueran destinadas al cuidado de los pacientes terminales del centro. Quería que otras personas recibieran cuidado en este hermoso lugar y experimentaran el amor que ella encontró desde el primer día.

El tiempo era muy corto para Margaret, y aunque pensaba que tal vez tuviera pocas posesiones terrenales, hice los arreglos para que viera a un abogado ese mismo día. Tal como Dios hace las cosas, la madre del abogado vivió en un departamento frente al de Margaret durante muchos años, así que tenían mucho que decirse el uno al otro, y esto la reconfortó en gran manera. Este abogado era muy amable por naturaleza y justo lo que Margaret necesitaba en ese momento de su vida.

A pocas horas de su admisión, se hicieron los arreglos para que todas sus posesiones se usaran para el cuidado de otros que, como ella, vendrían al centro para enfermos terminales. Margaret pidió que la llevaran a pasear en silla de ruedas por el lugar, a fin de poder ver «cada cosa bonita en mi nuevo hogar». El paseo le llevó más de dos horas al personal del centro, ya que Margaret quería detenerse frente a cada cuadro colgado en el pasillo para ver quién lo había donado, qué reconocimiento había tenido y dónde lo habían colocado en la pared.

Antes de irme a casa esa noche, me detuve para ver a Margaret. Me explicó que, aunque nunca había creído en Dios en toda su vida, estaba experimentando una paz nueva en la gente que veía a su alrededor, en sus rostros, en sus palabras y en el contacto físico.

«¿Así es Dios?», preguntó. «Cuando la gente dice que Dios es amor, ¿se refiere a esto?». Quería saber por qué tenía esta sensación nueva y reconfortante, y yo le aseguré que Dios la visitaría aquí, Él mismo, y que le haría conocer su presencia a través de toda la gente que pondría a su alrededor.

«Ahora siento su paz», dijo, «cada vez que la veo a usted y cada vez que la gente que me cuida aquí me mira y me sonríe, sé que Él debe estar cerca».

Margaret vivió toda una vida en este único día, al acomodarse en una nueva casa, hacer los arreglos con el abogado respecto a sus pertenencias y llegar a una nueva visión de Dios y de su amor hacia ella, en muy corto tiempo. La arropé en la cama antes de partir y le aseguré una vez más que aquí recibiría el más amoroso cuidado toda la noche y que Dios mismo permanecería tan cerca de ella como cada persona que atendiera sus necesidades. Margaret murió durante las primeras horas de la mañana siguiente, después de haberse acurrucado en su nuevo hogar y de estar en paz con Dios y con todo a su alrededor. Todo sucedió en menos de veinticuatro horas.

Qué maneras tiene Dios de colocar a sus hijos en lugares seguros y llenos de compasión, y de darse a conocer con tanta sencillez y gracia. Tocó su alma y le dio paz por medio del abogado que le envió para que se ocupara de sus asuntos y de la gente que Él le asignó para que la cuidaran. Margaret también tenía un corazón muy generoso y deseaba con toda su alma que otros se beneficiaran de lo poco que tenía para compartir. La ofrenda de la viuda siempre es un regalo mayor que algo que da con facilidad aquel que tiene mucha riqueza. Todos nos sentíamos mejor después de haber conocido a Margaret, incluso durante ese tiempo tan corto.

El regalo de Margaret para el hogar fueron dos bolsas grandes y pesadas que dejaron en el suelo de mi oficina al día siguiente. En las bolsas se encontraban todas las posesiones que tenía en el mundo. Había cartas viejas, fotografías, una pequeña caja familiar con recuerdos, un liguero de los años treinta y una Biblia pequeña y muy vieja, donde se había inscrito a los miembros de la familia a lo largo de los años.

Después de mucha investigación, encontré a una sobrina lejana que conoció a esta tía en su juventud y que se alegró de recibir las pertenencias de Margaret. Estuvo agradecida al saber que su tía murió en paz, rodeada por gente que atendió sus necesidades y que la cuidó con compasión en los últimos días de su vida.

Katy

«Siempre tuve la esperanza de verte una vez más antes de morir»

«Yo la conozco», dijo la voz en el teléfono del consultorio médico al que llamé una mañana. «Usted cuidó a mi padre hace muchos años». Hicieron falta unos minutos y pocas palabras entre nosotras para reconectarnos y recordar al paciente de cincuenta años con un tumor en el cerebro, que recibió cuidado en su casa con unos hijos maravillosos y una hermosa esposa llamada Katy.

«Mi mamá se encuentra en un hogar para ancianos», dijo la hija. «En estos días, se está desmejorando mucho. El único deseo que tiene es volver a verla una vez más antes de morir. Ha hablado muchas veces del tiempo en que mi padre agonizaba y usted lo cuidaba. ¿Le parece que puede visitarla alguno de estos días? No creo que le quede mucho tiempo».

Prometí visitarla al día siguiente, ya que recordaba a Katy como una esposa muy amorosa y tierna con su esposo. Lo cuidó con tanta sencillez y gracia hacía muchos años, y ella era difícil de olvidar.

Temprano a la mañana siguiente, llamé a la puerta donde estaba escrito su nombre y entré a la habitación en penumbras en el hogar de ancianos.

—Katy, Katy —la llamé con suavidad.

—Sí, sí —respondió una voz frágil y débil.

—Soy Trudy —le dije, mientras cruzaba con lentitud la habitación y me sentaba al borde de su cama. Esta hermosa y frágil anciana se sentó a esta hora temprana de la mañana, con toda la energía que pudo reunir. Se acercó y abriendo los brazos me abrazó y me meció de un lado al otro como a un bebé. Permanecimos así durante un rato larguísimo, tan solo descansando en los recuerdos que habíamos compartido hacía tanto tiempo atrás en un momento tan difícil de su vida.

—Ay, no puedo creer que seas tú —dijo—. Siempre tuve la esperanza de verte una vez más antes de morir.

Recorrimos juntas los recuerdos, como si dieciocho años hubieran pasado volando y fuera ayer que nos conocimos. Fue una experiencia feliz para ambas. Hablamos de los días pasados, de su maravilloso esposo y de los tiernos últimos días de su vida. De la manera en que ella lo cuidó, el dormitorio improvisado que crearon en la sala, de cómo lo afeitaba y de las muchas cosas dulces que él le dijo al final. El consuelo y el solaz de estos recuerdos es imposible de describir y ella me dijo, con gran entusiasmo, cuánto deseaba verlo otra vez. Katy murió en paz mientras dormía, una semana después, y estaré por siempre agradecida a su hija por pedirme que la visitara.

Dios nunca trabaja de un solo lado del sendero. En todas las experiencias de la vida, Él permite que ambos lados aprendan uno del otro y crezcan, si tan solo estamos dispuestos a escuchar. De algún modo misterioso, le enseña a cada persona lo que quiere que entienda y sepa. Con Katy, aprendí acerca de la profundidad del amor que las personas pueden sentir unas por otras, y de la belleza física que Dios les da para mostrar su rostro a los demás. La belleza de Katy provenía de lo profundo de su ser y nunca cambió. Era tan hermosa entonces como siempre la había recordado. Reflejaba todo lo que es bueno y santo en el mundo. Katy sabía lo que era el verdadero amor y lo reflejaba en su vida. Sentí gratitud por haber tenido la oportunidad de recordarla bien.

Las relaciones que se forjan durante momentos muy especiales en nuestra vida nunca se rompen. Siguen fuertes y amorosas, y reflejan los tiempos buenos y fieles compartidos por aquellos a los que Dios ha hecho amigos de inmediato para cumplir sus propósitos.

Zack

«Él sabe, él sabe»

Tenía tan solo tres años, pero agonizaba. Su joven madre estaba devastada y su papá, oficial de la marina, no podía creer ni por un momento que esto fuera cierto. El dolor que rodea a la imperiosa pérdida de un niño es demasiado profundo como para describirlo, pero cuando no se puede hablar de ese dolor o no se puede compartir la carga, cada persona sufre a solas. A Zach le quedaba muy poco tiempo y la ansiedad, el temor y la ira que experimentaban todos era a la vez palpable y abrumadora.

Al papá de Zach le resultaba imposible encontrar palabras para hablar de la inminente pérdida o para expresarse de algún modo, y por lo tanto, sufría a solas. La mamá de Zach, al no tener a nadie con quien compartir de verdad la intimidad de su pérdida, sufría a solas también. Necesitábamos ayudar a esta joven familia a procesar lo que pronto sería un dolor abrumador, y se nos acababa el tiempo. Su maravillosa enfermera, Kelly, colocó un gran rollo de papel para dibujar frente a Zach y le preguntó si podía hacer un dibujo de lo que le estaba sucediendo. Se encontraba en su cama, con los padres a ambos lados, cuando comenzó a dibujar. Apareció un gran barco como solo un niño de tres años puede dibujarlo. En el centro del barco había una mujer con los brazos colgando a los costados y grandes lágrimas que rodaban por su rostro caían sobre su ropa y llegaban a la cubierta del barco. En el extremo derecho, se encontraba la figura de un hombre con uniforme, con sombrero y muchos distintivos de colores en la camisa. La línea que atravesaba el centro de su frente reflejaba tristeza y dolor. En el extremo izquierdo del gran papel, se veía un botecito que se alejaba navegando hasta que ya no se podía ver más. El padre de Zach comenzó a llorar. «Él sabe, él sabe», dijo. Este niñito estaba diciéndoles a su madre y a su padre lo que le sucedía y no se veía asustado en lo más mínimo, solo estaba ansioso esperando que comprendieran. Ese día, las compuertas se abrieron de par en par con lágrimas y besos por todas partes, permitiendo que esta familia se preparara, lo mejor que podía, para la inminente pérdida de su precioso hijo.

Él quería que sus padres supieran lo que le estaba sucediendo y, por fin, pudo hacerlo, de una manera en que lo pudieran comprender.

Su devota enfermera, que amaba a esta joven familia y que les enseñó muchas lecciones a las enfermeras del centro con los dones que Dios le había dado, contó esta historia. Nos ayudó a todos a oír y ver de una manera distinta por completo, y a desarrollar la sensibilidad y la perspectiva tan importantes cuando se cuida a los que mueren.

Eileen

«¿Es verdad que solo los católicos pueden orar con los católicos?»

«Hay una paciente al fondo del pasillo que tiene un tumor cerebral y no puede hablar», me dijo la joven enfermera al entrar en mi oficina. «Creo que quiere que alguien ore con ella. ¿Podría venir conmigo?». Al parecer, la paciente era católica y alguien le dijo que «solo los católicos pueden orar con los católicos». Todo lo que le dije no fue suficiente para convencerla de que Dios tiene un corazón interdenominacional y que, sin problemas, podía orar con alguien que no perteneciera a su denominación.

Al entrar en la habitación, encontré a una encantadora mujer de unos sesenta y cinco años que moría de un tumor maligno en el cerebro, con todo un costado debilitado y sin poder expresarse. Su familia explicó que acostumbraba ir a la iglesia todos los días para recibir la comunión. Parecía que intentaba pedirles algo ahora, pero tenía mucha dificultad para expresarse y no estaban seguros de lo que quería.

Le conté a Eileen que yo también iba a la iglesia todas las mañanas y que con gusto oraría con ella al comienzo de cada día y le traería la comunión. El rostro se le encendió como una lámpara, y estirándose me tomó de la chaqueta para llevarme cerca de su cara, con la mejor sonrisa que pudo esbozar. A todos los que estaban en la habitación les quedó claro que esto era lo que había estado pidiendo. El consuelo y la seguridad de Jesús mismo, que había sido tan importante para ella toda su vida, eran mucho más importantes ahora que se estaba muriendo.

Eileen no vivió muchas semanas más después de nuestro primer encuentro, pero nos encontramos cada mañana para orar juntas y experimentar la presencia de Dios en su vida, y para hablar del Jesús que ella conocía y amaba tan bien. Tenía la certeza de que pronto lo vería cara a cara, y esperaba ese momento. Entró con serenidad en su sueño en paz tanto en cuerpo como en alma.

Al cabo de una semana o dos de la muerte, alguien llamó a la puerta de mi oficina y una mujer de unos treinta y cinco o cuarenta años de edad se encontraba parada allí. En sus brazos tenía una hermosa cruz antigua de madera con el Cristo crucificado. Se presentó y me dijo: «Trajimos a mi madre a este hermoso lugar para darle bienestar a su cuerpo y a su mente, de modo que no tuviera dolor ni temor. Eso fue lo que encontró aquí, rodeada de compasión y ternura por parte del personal del centro. Sin embargo, usted trajo paz y sanidad a su alma al visitarla y orar con ella, y traerle la comunión por las mañanas. Sé que ella hubiera querido que tuviera esto». Me entregó la hermosa cruz que tenía y me explicó que estuvo colgada sobre la cama de su madre hasta donde podía recordar. Era un tesoro familiar que ahora deseaba compartir. Su regalo no podría haber tenido más significado para mí, y hasta el día de hoy, está colgada en un lugar especial en nuestro hogar.

El tiempo que pasé con Eileen significó tanto para mí como para ella. El regalo de estar presente con un alma mientras Dios la prepara para ir al hogar no se puede explicar con facilidad. Es algo muy sagrado y tierno. Ves el alma de primera mano, mientras Dios mismo la abraza, la acurruca entre sus brazos y encuentra ese rinconcito preparado donde puede descansar en Él.

Esas cosas que son más importantes para nosotros durante la vida, siguen siendo importantes durante el proceso de la muerte. En el caso de Eileen, estar con su Dios significaba todo para ella, y recitar las oraciones que le resultaban más conocidas le traía gran consuelo y paz. La delicada amabilidad de su hija era un reflejo del regalo que Eileen le había transmitido, el de un espíritu muy generoso.

William

«¿Puedes quedarte a tomar una taza de café esta mañana?»

William tenía noventa y dos años y hacía más de veinte que éramos amigos. En ese entonces, su esposa fue mi paciente y, a partir de allí, entablamos una de esas amistades en las que te detienes a tomar un café con esa persona en cualquier momento. Toda su vida había sido independiente y siguió siéndolo después de la muerte de su esposa, así que vivía solo. Se mudaba de un lugar a otro a medida que se presentaba una necesidad, mientras trabajaba en sus planes de construir otro avión y se mantenía alejado de cualquier conversación con alguien que le dijera que debería dedicarse a otra cosa.

Sin embargo, a medida que pasaban los años y William, con un diagnóstico de linfoma, comenzó a decaer, se hizo evidente que ya no podía permanecer solo en su casa y estar seguro. No hubo manera de convencerlo para que se fuera a vivir con sus dos hijos, que vivían fuera de la ciudad. «Ellos tienen sus propias vidas», me decía, «y yo tengo la mía y no quiero molestar a nadie».

Al cabo de muchas conversaciones durante algunas semanas, y con su permiso, llamé a sus hijos y les pregunté si podían venir a visitarlo. Vinieron de inmediato. El hijo mayor, con el que estaba en estrecho contacto, le administraba todos sus asuntos personales. Al hijo menor, a quien amaba tanto como al otro, no lo había visto durante algún tiempo. Los dos tenían familias, con todos los desafíos que entraña la crianza de los hijos. William era bondadoso con sus nietos, que en algunos casos tenían que enfrentarse a mayores problemas que los demás. Hablaba con frecuencia de cada uno de ellos.

Todos estuvieron de acuerdo, con excepción de William, en que era esencial que se trasladara a un lugar donde pudiera recibir ayuda si la necesitaba. Estaba segura de que lo admitirían en el centro para enfermos terminales, pero yo era la única que lo pensaba, así que no se concretó. Se acomodó enseguida en un complejo de viviendas con asistencia, y así, William pudo pasar momentos buenos y muy significativos con sus hijos, en especial con el menor, al que no había tenido tan cerca. Ahora estaban muy agradecidos de estar juntos y de compartir momentos buenos y felices.

Aunque para mí era muy claro que William se desmejoraba y su tiempo en la tierra se acortaba, ninguno de ellos me hubiera escuchado si les hubiera hablado de la necesidad de recibir el cuidado especial que necesita un enfermo que agoniza. Según su opinión, ahora, papá viviría un buen tiempo más y punto. Lo más importante para ellos era que estuviera cómodo y seguro, y eso era justo lo que habían logrado. Lo visitaban muy a menudo, le compraron un nuevo televisor de pantalla plana, pusieron todas sus cosas favoritas a su alrededor y celebraron con él su nueva habitación alquilada.

William se adaptó a su nuevo entorno y sus hijos regresaron a sus hogares. El menor, con el cual había podido pasar momentos muy especiales, murió de un ataque al corazón a menos de una semana de haber partido. El impacto que esto le produjo a William fue inmenso, pero no hay palabras para describir la gratitud que expresó por el tiempo que Dios le permitió pasar con este hijo en particular.

William me decía a menudo que, en toda su vida, solo se había sentido cómodo con dos clérigos. Uno era un ministro que conoció en la Segunda Guerra Mundial. El otro era Seamus O'Flynn, que asistió a su esposa cuando estaba moribunda y que dirigió el servicio de su entierro años atrás.

Hablaba con un gran afecto de O'Flynn y quiso volver a verlo. «No ahora mismo», dijo. «Yo te diré cuándo». A las pocas semanas, William comenzó a decaer con rapidez y me pidió que llamara a O'Flynn. Vino de visita ese mismo día y juntos pasaron varias horas muy felices. William me contó más tarde que fueron horas pacíficas, llenas de buena conversación y de palabras reconfortantes. Ahora estaba convencido de que Dios lo amaba y que había perdonado toda transgresión que hubiera cometido, y que lo aceptaba tal como era. Por fin, estaba en un estado de paz como nunca lo había visto en veinte años.

Durante las veces que almorzamos juntos a lo largo de los años en los bosques de Epping, en la antigua región de DuPont, William me expresó muchas veces su deseo de que estuviera a su lado cuando muriera. Habíamos considerado la posibilidad de que viniera a mi casa durante las últimas semanas de su vida, pero él nunca quería importunar a nadie. Se sentía cómodo con la idea de que no estaría solo y que seríamos amigos hasta el final. Le agregaba mucho humor a estas conversaciones sobre «el final del camino» y, muchas veces, nos preguntábamos qué pensaría la gente a nuestro alrededor si escuchaban lo que hablábamos y de lo que nos reíamos.

William no estuvo instalado en su nuevo lugar hasta que comenzó a declinar de un modo rápido. Hablábamos por teléfono a menudo y yo lo visitaba varias veces a la semana. Una semana, después de vernos tres días seguidos, algo o alguien me urgió a visitarlo de nuevo, al final de la tarde. William estaba débil y propenso al vómito cuando llegué y no podía retener bocado. Estaba sentado derechito en su silla, muy pálido y tratando, como siempre, de ser muy valiente. Supe que su hora estaba muy cercana. Con la ayuda de la enfermera de la residencia donde se encontraba, hice todos los intentos que pude por tratar de aliviar sus síntomas, sin resultados positivos. Nada daba resultado. Como no quería dejarlo solo en un estado de tanta debilidad, le prometí quedarme por la noche. Conversé con él sobre la posibilidad de conseguirle una habitación en el centro para enfermos terminales si las cosas no mejoraban. Estaba seguro de que eso no era necesario y sencillamente dijo que no. Ambos sabíamos que en el pasado, yo le había prometido llevarlo a mi casa cuando llegara el final, y estaba más que dispuesta a hacerlo. Sin embargo, le expliqué que como no podíamos controlar sus náuseas para que se sintiera mejor, ir al centro para enfermos terminales podría ser lo mejor. Independiente al máximo hasta el final, me dejó muy en claro que no pensaba que estuviera tan descompuesto y que no quería ir.

Nos acomodamos para pasar la noche, sentados en silencio, tomados de la mano. Un amigo que había sido extremadamente amable con él a lo largo de los años y a quien estaba muy agradecido, se quedó con nosotros juntando sus cosas a medida que él lo pedía. Pasaron unas pocas horas sin que cesaran las náuseas y los vómitos, y William estaba cada vez más débil. Después de unas pocas horas, al fin se rindió y me permitió hacer los arreglos para llevarlo a una habitación que había reservado una enfermera del centro durante la noche. Había que verlo. William sentado sobre la camilla, con los brazos cruzados, vestido de punta en blanco y diciéndole con voz fuerte a la enfermera que estaba de turno: «Estoy bien, ¡gracias! No necesito toda esta atención». Como yo había estado hablando con ella durante el transcurso de algunas horas y le había dicho lo cercano a la muerte que estaba William, ella no podía creer lo que veía y oía mientras él era trasladado por el pasillo sobre la camilla.

El personal del centro lo atendió de inmediato con líquidos intravenosos y medicamentos. Cuando por fin se sintió mejor y admitió que estaba feliz de estar allí y de sentirse mejor, me fui, no sin antes decirle que lo vería a primera hora de la mañana. Durante veinte años, William y yo habíamos tenido un pacto por el que yo me comprometía a estar con él en el momento de la muerte, y todos los indicios apuntaban a que esta era la hora. Me sentí un poquito culpable al dejarlo ahora, pero se veía muy en paz y yo sabía que lo atenderían con todo cuidado durante la noche. Llamé por teléfono a su hijo para informarle sobre el cambio en su padre, y dijo que llegaría a primera hora de la mañana. De inmediato, se puso en camino.

A la mañana siguiente, llegué temprano y encontré a William durmiendo en paz y a su hijo hablando en voz baja con la enfermera a los pies de la cama. Todo parecía estar en orden, tal como William siempre quería que fuera. Hay mucho de cierto en el dicho popular de que la gente casi siempre muere como ha vivido. William era un hombre tranquilo, pacífico, no dado a las grandes emociones, ni al desorden. Valoraba su propio espacio, sus pensamientos y hacer las cosas a su manera. Había llegado su hora de morir y la estaba pasando exactamente de la misma forma en que había vivido: tranquilo, sin alboroto, ni escándalos. Era muy propio de él.

Con solo unos minutos de vida, le tomé la mano con suavidad y le susurré al oído: «Todo está en orden ahora, no queda nada por hacer. ¿Por qué no te sueltas ya y te vas a estar con Dios? Él te ama mucho y te está esperando». Inhaló suavemente tres veces y murió.

Qué hombre tan encantador era William y qué gozo y privilegio fue tenerlo como amigo. Las risas que compartimos, los secretos que nos contamos y que quedaron en nuestros corazones, la confianza de dos buenos amigos que toman una taza de café juntos y los momentos encantadores que pasamos durante nuestros almuerzos elegantes a lo largo de los años. ¿Cómo se le puede asignar un valor a tales cosas? Su recuerdo y el de los momentos felices que pasamos juntos es un regalo que atesoraré por siempre.

También debo decir que un maravilloso médico, el Dr. Doug Johnson, en quien William confiaba de manera incondicional, le permitió hablar con franqueza sobre su enfermedad y del curso que seguiría. Estas conversaciones francas le permitieron a William representar un papel importante en todas las decisiones que se tomaron respecto a la atención que debía recibir. Apreciaba y respetaba muchísimo a este médico, y la relación que tuvieron le ayudó a no perder su dignidad ni su privacidad, tal como nunca había sucedido. También tenían otros intereses en común, como volar y construir aviones, y William siempre hablaba con un gran cariño de su médico. Los médicos que son «humanos» y les permiten a sus pacientes seguir siendo «personas reales», incluso cuando están muriendo, realizan una función importantísima en la capacidad de la persona para morir bien. Eso fue precisamente lo que hizo este médico.

Lorrain

«Todos los años, en febrero, florece una rosa amarilla»

Lorrain solo tenía seis semanas de edad, nació con un defecto del corazón que no se podía reparar. La mandaron para su hogar de modo que sus jóvenes padres la cuidaran hasta su muerte.

Los profesionales jóvenes pueden lidiar con cualquier situación, ¿no es cierto? ¿No se supone que pueden arreglar cualquier problema, corregir cualquier defecto y hacer que todo esté bien?

Hasta cierto punto. Por mucho que quisieron hacer estos jóvenes padres para que mejorara, esta hermosa bebita no tuvo solución. Entristecidos y con la terrible sensación de no poder hacer nada, sus padres la amaron y la cuidaron con ternura hasta que se durmió por última vez en su propio hogar.

«¿Podemos acostarla con nosotros esta noche?», le preguntaron a la enfermera que la cuidaba.

«Claro, por supuesto, y yo vendré temprano por la mañana para ayudarlos a bañarla y vestirla».

Juntos se dirigirían a la funeraria para ponerle su ropita de bautismo y colocarla en un cajoncito blanco para enterrarla.

A la mañana siguiente, de camino a la casa de la joven familia, la enfermera se detuvo en una florería para comprarles unas hermosas rosas amarillas. No supo por qué lo hacía, solo sintió el impulso de hacerlo. Los padres, al ver las rosas, sonrieron. ¿Cómo podía imaginar esta amorosa enfermera que esta joven pareja vería las rosas amarillas como una señal del amor y el cuidado íntimo de Dios hacia ellos? Sabían que, ahora, Lorrain estaba a salvo bajo el cuidado del Señor.

Cuando ves de primera mano y muy de cerca la fe pura, en medio de las circunstancias más trágicas, te quedas sin aliento. Ante la tremenda pérdida de una bebita recién nacida, esta joven pareja pudo encontrar solaz en el regalo de las rosas, solo porque tuvieron la fe para creer. La fe que se forja y se practica a lo largo de la vida parece ser ese lugar mullido sobre el cual descansar cuando la tragedia se cruza en nuestro camino. Las lecciones que aprendemos los que estamos en la periferia de estas experiencias de vida quedan grabadas para siempre en nuestras mentes y en nuestros corazones. Son regalos de fe que nos dan sin palabras aquellos que Dios pone bajo nuestro cuidado. ¿Quién es el regalo y quién es el dador del regalo?

Mientras contaba esta historia hace varios años en una gran reunión, una joven se acercó a la plataforma para hablar conmigo. «Soy la madre de Lorrain», me dijo, «y hay más para agregarle a esta historia. Una amiga nos envió un hermoso rosal para nuestro jardín cuando Lorrain se fue al cielo», explicó. «Y cada año, para el aniversario de su muerte en febrero, florece una rosa encantadora». Me agradeció por mantener viva la memoria de su hija al contar la historia. No creo que haya podido tener la menor idea de lo poderosa que esta experiencia era para otros que la escuchaban. En el transcurso de los años en que he contado esta historia, han venido muchos padres a contarme sus propias historias de pérdidas de un hijo y de cómo encontraron consuelo de maneras inesperadas como estos jóvenes padres.

Joel

«Aquí es donde vive Dios en realidad»

Joel solo tenía quince años. Hacía más de cinco que lidiaba contra el cáncer y ahora estaba perdiendo la batalla. Unos padres maravillosos, que lo amaban muchísimo, no lo habían criado en la iglesia. Ahora, estaban desesperados procurando que Joel conociera a Dios personalmente. El sacerdote de la parroquia era paciente y amable con Joel, y también entendía la necesidad de sus padres de «poner todo en orden». Dedicó tiempo a conversar con él acerca de Dios y del cielo, y se esforzó lo más que pudo para ayudarlos a llegar a comprender la importancia de esta vida joven y, ahora, el significado de su muerte.

Joel tenía una habitación pequeña donde pasaba mucho tiempo en tranquilidad y descanso. Su cama estaba junto a una ventana que era muy angosta, pero que medía al menos dos metros y medio del techo al piso. Durante los últimos años, había mirado a través de esa ventana durante horas

Joel

seguidas. Un día, cuando me encontraba de visita, le pedí
que me dijera qué veía allí que le interesaba tanto.
«Aquí es donde Dios vive en realidad», me dijo con tono
tranquilo. Me contó cómo observaba año tras año la caída
de la corteza del gran árbol que estaba junto a la ventana, y
me explicó cómo se convertía en parte del mantillo cuando
caía al suelo. Me contó sobre las ardillas, los pájaros y otros
insectos que veía allí, y de lo ocupados que estaban todos
comiendo y arreglando sus nidos con partes de aquel árbol.
Dijo que observaba en primavera a una hojita que brotaba
entre el mantillo marrón oscuro que parecía muerto y, luego,
en corto tiempo daba una linda flor. Habló de lo hermosa
que era la lluvia cuando caía sobre el alero de su ventana y
de cómo alimentaba a todo lo invisible debajo del mantillo.
Dijo, a diferencia de todos nosotros, que le encantaba ver
cómo caían las hojas en otoño, porque podía esperar que
surgieran verdes cada primavera para hermosear otra vez el
árbol. «¿Cómo es posible que la gente vea todo esto y no crea
en Dios?», preguntó. «En realidad, es muy simple».

Las lecciones que Joel nos enseñó acerca del árbol nos
recuerdan que Dios nutre sin cesar cada ser vivo mediante
los regalos de la luz solar y la lluvia, que saca belleza y
entendimiento de la oscuridad y trae paz en medio del
sufrimiento y el dolor, y que promete vida nueva a todos los
que creen en Él. Todos reconocimos en este jovencito una
perspectiva y una comprensión de Dios sencillas y vivas. Joel
lo conocía mejor que todos nosotros, y enseguida decidimos
sentarnos en silencio a su lado, para mirar por la ventana y
aprender de él que «aquí es donde vive Dios en realidad».

A menudo, un niño nos guía, si tan solo estamos
dispuestos a apartarnos de la rutina, a observar y escuchar.
Dios le había dado a Joel una comprensión de la vida

y la belleza que muchos pasan toda la vida tratando de encontrarla. Cuando creó a Joel, Dios sabía que tendría una vida corta en esta tierra. Él prometió revelarse a los sencillos, solo para confundir a los sabios. No sé lo que piensas tú, pero yo prefiero ser la «sencilla» a quien le hable Jesús, en lugar de ser la «sabia» que permanece ciega por la percepción personal de su importancia intelectual. Señor, por favor, ayúdanos.

Sam

«La miró con tanto amor como jamás había visto en los ojos de un hombre»

¿Podía la vida ser mejor a la que tenían Sam y Betty? Su relación era como una joya para los dos. Era divertido observar la vida que disfrutaban, ya que eran dos polos opuestos: ella, una belleza delicada y fina tomada del brazo de él en la ópera, mientras él sonreía todo el tiempo al avanzar por el pasillo. Él, un apasionado pescador que amaba la vida al aire libre y las aventuras de la vida cotidiana junto a sus amigos. A menudo, salía con su barco para pasar un buen día de pesca con sus amigos y ella arrugaba la nariz y decía: «Yo no cocino pescado», ante lo cual, reían. Era muy divertido observarlos y estar cerca de ellos.

Muchas veces, la gente con trasfondos, experiencias y gustos diferentes se atraen entre sí. Pienso que, de algún modo, todos sabemos que hay una parte de nosotros que está incompleta, y que solo por medio de los demás podemos estar completos. Esto sucede en las amistades, en los matrimonios y en la dinámica familiar de cada día. El amor hace que estos momentos sean posibles. Sin lugar a dudas, esto sucedía en el caso de Sam y Betty.

De pronto, a Sam le diagnostican cáncer terminal. Apareció de repente y progresó con rapidez, con poco tiempo para la preparación. No fue un buen diagnóstico, y no pasaría mucho tiempo antes que el cáncer cobrara su vida. Sin embargo, podías estar seguro de que juntos lo afrontarían, en su encantadora casa frente al océano, hasta el final.

Betty me llamó un domingo por la tarde. «No veo bien a Sam», me dijo. «¿Podría venir a la playa a verlo?» A los quince minutos, me recibió una hermosa pero preocupada Betty y un Sam dormido. Se acercó a la cama y le susurró con suavidad: «Despierta, mira quién vino a verte». Poco a poco, abrió los ojos, y girando la cabeza hacia ella, sonrió. Cuando me miró a mí, sus ojos estaban llenos de conciencia y gratitud. Sus pensamientos se reflejaban de manera vívida allí. Había estado esperando que viniera alguien. No quería que el amor de su vida estuviera sola; ahora no lo estaba, y se podía ver el enorme alivio en su rostro. La miró con más amor de lo que jamás había visto en los ojos de un hombre, y girando la cabeza hacia ella, sonrió, sencillamente cerró los ojos y murió. Betty se sintió muy conmovida por la dulzura de su partida, pero le había enseñado muy bien a él ese «modo delicado» que formaba una parte tan grande de su vida. Estuvieron juntos hasta el final, tal como debía ser.

Madeleine

A los sesenta y ocho años de edad cuando se jubiló como secretaria ejecutiva de mi esposo, Madeleine me llamó para preguntarme cuándo podía comenzar como secretaria voluntaria a tiempo completo en el centro para enfermos terminales.

Francocanadiense de nacimiento, nunca se casó, disciplinada y decidida, había ayudado a comenzar y a dirigir grandes corporaciones durante muchos años. Le encantaban el trabajo duro y el éxito, y no tenía ninguna paciencia con la gente incompetente o perezosa. Era imposible estar a la altura del trabajo que realizaba, de las responsabilidades que manejaba y de la velocidad y eficiencia que eran parte cotidiana de su vida. Como le decía a menudo, era mis manos y mis pies, mi cerebro y mi corazón en cualquier momento dado. Como intrépida defensora de mi tiempo y energía, hizo posible cualquier avance en nuestro nuevo programa de asistencia durante los siete años de servicio que le prestó a la organización y a mi persona.

Llegaba todos los días con puntualidad a las nueve de la mañana y se iba exactamente a las cuatro de la tarde. Se quedaba todo el día en su escritorio y disfrutaba de su yogur con una taza de café a la hora del almuerzo. Nunca comía entre comidas y no se podía tentar siquiera con la más deliciosa golosina. Le encantaban las frambuesas con chocolate como postre y se sentaba derecha como nunca he visto a nadie, ni antes ni después.

Escuchaba las historias de los pacientes y las familias cuando estaban a mi cuidado, y muchas veces, la pescaba escuchando en silencio mis conversaciones telefónicas con ellos. Se maravillaba ante la naturalidad del proceso de la muerte y lo repetitivo del tema del amor redentor de Dios en la vida de cada persona. En especial, le gustaba conocer a algunos de los pacientes bajo mi cuidado y oírles contar sus experiencias personales con Él en sus propias palabras.

—¿Qué sucederá conmigo cuando esté moribunda? —me preguntó un día de manera inesperada—. Cuando me enferme, ¿qué haré?

Sorprendida ante la pregunta, le dije que, en primer lugar, hablaríamos al respecto con sinceridad como siempre lo habíamos hecho y, luego, añadí:

—Vendrás y te quedarás con nosotros hasta que mueras.

—Bien —dijo y ese fue el fin de la conversación que nunca más volvió a plantearse.

De algún modo, en algún nivel, sabía que se acercaba su hora y tal como era su costumbre, quería tener las cosas en su orden adecuado.

Madeleine se les había brindado de manera incondicional a muchas personas a lo largo de su vida. Había representado un papel importantísimo en los primeros años de crecimiento del centro local para enfermos terminales, facilitándonos a todos el trabajo mediante su experiencia, su presencia, su determinación y su constante apoyo. Y ahora, el círculo estaba a punto de cerrarse. La maestra y la que había brindado cuidado, ahora recibiría el cuidado de quienes más había ayudado. «Nunca hubiéramos podido hacer esto sin ti, lo sabes», le decía al revisar los logros y el crecimiento del centro. Y ella se sentaba derechita y contestaba con una gran sonrisa: «Lo sé, lo sé». Lo que das en la vida siempre vuelve a ti de un modo u otro. Había dado muchísimo durante toda su vida y, al final, recibió de vuelta todo lo que más necesitaba y quería. Dios, quien nos creó a todos y nos conoce bien, se ocupa de que sea así.

Alrededor de un año después, comencé a ver algunos cambios en Madeleine: caminaba un poco más despacio, se la notaba un poquito más cansada, menos capaz, pero aun así, venía todos los días a trabajar para ayudarme.

«Madeleine se cayó en el estacionamiento», me dijo una de las enfermeras una tarde. «Sin embargo, no me dejó que la ayudara a levantarse; se sacudió el polvo sola y se fue conduciendo el auto». De inmediato, llamé a uno de mis hijos y le pedí que fuera con urgencia a su condominio y esperara hasta que llegara. Como imaginaba, casi no podía bajarse del auto. A las pocas horas, fui a verla; estaba sentada a la mesa de la cocina, tomando su merienda de media tarde. «Déjame ver cómo te levantas», le dije, sabiendo muy bien que no podía hacerlo. Una rápida visita a la sala de emergencia bajo coacción, hizo que Madeleine quedara ingresada en el momento. No se había fracturado ningún hueso, pero tenía una evidente insuficiencia cardíaca congestiva, complicada por un enfisema. Cinco días después, con los papeles del alta firmados, la mandaron de vuelta a su hogar de dos pisos en el condominio, con los dormitorios en la planta alta. Una rápida conversación con el médico lo ayudó a conocer lo que necesitábamos para crear un nuevo plan.

«Mañana me voy a tu casa», dijo. «Eso dijo Ken».

Ken, nuestro hijo menor, conocía bien a Madeleine y había estado en su casa en muchas ocasiones. Había pasado a verla por el hospital esa tarde y sin hablar con nadie más, le dijo que no podía regresar sola a su casa y que, en cambio, vendría a quedarse con nosotros. Y eso fue lo que hizo.

Madeleine tenía su propia habitación, con un sistema de vigilancia que podía captar los movimientos y sonidos muy mínimos. Lo probaba todas las noches hasta que se aseguraba que yo podía llegar desde nuestra habitación a la suya en menos de sesenta segundos. Se acomodó sin problemas; comía lo que quería, cada día estaba más débil, pero se sentía más segura y feliz que nunca.

No cambiaría ni por un millón de dólares el tiempo que pasamos juntas esas semanas llenas de diversión y risas que disfrutamos. Un día en particular, me encontraba sentada en la sala donde podía verla descansar en su cama. Habíamos acordado que no se levantaría sin pedir ayuda, pero en este día en particular, no lo recordó. De repente, vi que se sentaba y, luego, se levantaba. Fue como si todo sucediera en cámara lenta mientras yo corría hacia su habitación. Llegué allí justo cuando caía al piso, y decidí sostenerla con fuerza mientras caía con ella. Allí estábamos, las dos, cara a cara en el suelo, riéndonos a carcajadas.

Llamé a mi hijo, que se estaba duchando en la habitación contigua y salió corriendo y chorreando agua con una toalla en la cintura. Enseguida, me dijo que me levantara y que me quitara de en medio; entonces, se colocó sobre Madeleine y comenzó a levantarla con suavidad del piso. Allí estaba, batalladora como siempre, con la mirada puesta en la toalla mientras se reía. «Me alegro de verte otra vez, Ken», dijo. A lo que él respondió: «Este no es momento para bromas,

Madeleine». Ella podía hacerte reír por muchas cosas y encontraba el humor en casi cualquier circunstancia. Incluso ahora, en el suelo, sin poder levantarse sola, se reía.

Una tarde, mientras me inclinaba sobre ella mullendo sus almohadas, extendió la mano, me tocó la cara y dijo: «Ma mère, ma mère», que significa «madre mía, madre mía». Hablaba en el idioma de su juventud, y le recordé que aunque me había enseñado muchas cosas en los años en que trabajamos juntas, el francés no fue una de ellas. En una de esas maneras inexplicables en que Dios permite que sucedan las cosas, Madeleine estaba experimentando a su madre a través de mí y parecía muy emocionada al verla. Pensé en cuán reconfortante era que Dios, que nos conoce tan bien, le permitiera experimentar esto en un momento tan delicado de su vida. De algún modo que no entiendo, creo que todos estamos interconectados, divididos en pequeñas partes de un todo, y solo nos encontramos los unos en los otros.

El ministro Mort Danaher, buen amigo de Madeleine durante cuarenta años, vino a verla esa noche. Recorrieron tiernos recuerdos de los buenos tiempos que habían compartido, y fue maravilloso escuchar la risa en esa habitación. El ministro la bendijo y le dio la comunión. Cuando me pidió que le diera algo de beber, solo le alcancé el vaso que tenía junto a la cama, sin darme cuenta de que era *whisky* con agua. Suponemos que esto quizá fuera una primicia del Señor.

Madeleine tenía mucha paz cuando se fue el ministro y se quedó dormida con una sonrisa en el rostro. Estaba feliz de que hubieran sido amigos durante casi toda una vida y de haber recibido la comunión. Madeleine murió en paz a las dos de la mañana, feliz de estar donde deseaba, segura, amada y a cargo de todo hasta el final.

Hannah

«Muy bien, ya me voy, no me apuren»

Era una madre de cuarenta y un años de edad que tenía un esposo amoroso y una hijita de tres años, pero la vida no había sido fácil para Hannah. Sus padres murieron en un accidente automovilístico y, a los diecisiete años, se quedó a cargo de la crianza de sus tres hermanas menores. Las niñas eran muy unidas y crecieron cuidándose y protegiéndose las unas a las otras.

Ahora Hannah, tan joven y encantadora, con un esposo que la amaba profundamente y una preciosa hijita de tres años para criar, agonizaba. Tanto ella como sus hermanas tenían una fuerte fe cristiana y sabían muy bien que el cielo la esperaba. Sin embargo, no quería abandonarlos por nada del mundo. Vivió cada día al máximo, con un espíritu muy alegre y una casa repleta de familiares, amigos y niños. Siempre circulaba buena comida, y a pesar de la inmensidad de esta inminente pérdida, esta familia irradiaba felicidad.

Las hermanas de Hannah pasaban mucho tiempo a su lado; la bañaban, le arreglaban el cabello, le pintaban las uñas y con suavidad le frotaban el frágil cuerpo con crema. Ahora, hacían por Hannah todo lo que esta hizo por ellas cuando eran pequeñas, y ella se deleitaba cada minuto. Muchas veces, cuando visitaba a Hannah, la encontraba junto a todas sus hermanas amontonadas juntas en la cama. Estoy segura de que así se comportaban cuando perdieron a sus padres y solo podían amarse entre sí y confiar las unas en las otras. Era muy dulce ver cómo la amaban, y su esposo parecía entenderlo a la perfección. No era para nada egoísta con respecto a Hannah y reflejaba una tierna comprensión de aquella relación tan estrecha y de la necesidad de estar juntas en este momento.

Hannah había sabido amar a todos y a todas las cosas en su vida. Ahora, al ir alistándose para su recompensa eterna en el cielo, recibía la misma clase de amor. Parece que siempre recibes en abundancia lo que has dado durante tu vida, y esto era lo que le sucedía a Hannah ahora. Puedes estar seguro de que sus hermanas le dieron a la niña que dejaba atrás el mismo amor que ella les había dado sin medida hacía tanto tiempo atrás. Fueron para esa niña lo que Hannah fue para ellas cuando también quedaron sin una madre. ¿Cuántas veces pensamos en las palabras de Jesús «ámense los unos a los otros como yo los he amado»? Si pudiéramos entenderlas y practicarlas tan bien como Hannah lo hizo, pienso que el mundo sería tal como Dios lo había planeado.

Día a día, Hannah se sentía más débil y descansaba mucho. Su habitación estaba llena de amigos y familiares que la amaban mucho y cuyas vidas habían recibido el bien que ella les había dado a través de su corto viaje. Los amigos de la iglesia, los vecinos, los familiares y todos los que había tocado de alguna manera estaban ahora a su lado. Creo que nunca olvidaré su último día en esta tierra, con su esposo arrodillado a su lado y la cabecita de su hijita recostada en su regazo. Sus hermanas se habían subido todas a la cama y la alentaban a que se fuera al cielo, a que se soltara y siguiera adelante. A esto, Hannah respondió con suavidad, mientras moría: «Bueno, bueno, ya me voy; no me apuren». Y partió.

Frederick

«Si viera a Jesús como tú lo viste, ¿yo también lloraría?»

Una vecina, a quien no conocía muy bien en ese entonces, me salió al encuentro en el jardín del frente una noche cuando volvía del trabajo. Me explicó que tenía un tío en Boston que vivía solo y al que hacía poco le habían diagnosticado una enfermedad terminal. Dijo que ella y su madre deseaban hacerse cargo de él, pero me preguntó si podría ayudarlo a conseguir el cuidado que necesitaba si ellas hacían los arreglos para traerlo a nuestra ciudad. De inmediato, le aseguré que con gusto lo haría, a lo cual respondió: «Menos mal, porque le di su número de teléfono al médico que lo atiende». Me encantó. De más está decir que en los años siguientes, ella y yo nos hemos vuelto buenas amigas.

A Frederick lo ingresaron en el centro para enfermos terminales en menos de una o dos semanas de su llegada a Jacksonville, y yo tuve el gozo de visitarlo allí todos los días. Era un hombre con una apariencia magnífica, de unos setenta y ocho años de edad, muy elegante, con un porte señorial. Tenía el cabello blanco como la nieve y sus ojos eran de un color azul eléctrico. Al entrar a su habitación, te recibían la música clásica que sonaba día y noche, las flores recién cortadas por todas partes y tarjetas de saludo que colgaban de cada tablilla de las persianas. Era evidente que tenía muchos conocidos que lo amaban. Frederick era extraordinariamente bien educado con un trasfondo de filosofía y religión, y bastaba con que dijera unas pocas palabras para que te dieras cuenta. Era un pensador, un pensador profundo de todas las cosas más importantes de la vida, e irradiaba las características de un hombre maravillosamente refinado.

Un día, cuando me detuve a visitarlo, Frederick estaba sollozando. Me senté cerca de su cama y le pregunté si había algo que pudiera hacer por él. Solo meneó la cabeza y sollozó aun más. «Cuénteme qué sucede», le dije. «No, no, no», dijo, «tan solo siéntese aquí conmigo». Esta experiencia se repitió varias veces durante las semanas siguientes, y cada vez que lo encontraba así, solo me sentaba a su lado hasta que se cansaba y se dormía. Un día me dijo: «He tenido una experiencia, y se la contaré un día, no ahora, no todavía, pero algún día sí». Eso fue todo lo que dijo.

A las pocas semanas, cuando me iba para casa, me detuve a darle las buenas noches. Esta vez, Frederick lloraba con mucha fuerza. Levantó la mirada y tan solo me dijo:

—Siéntese.

Me senté. Lloró y lloró con suavidad durante largo rato, y yo le sostuve la mano sin decir palabra. Por fin, me miró y me dijo:

—¿Recuerda que le dije que había tenido una experiencia que le contaría en algún momento? Bueno, ahora se la contaré.

Procedió a contarme que el mismo Jesús entró en su habitación, aquí en el centro. Señaló una esquina de la habitación y me explicó que se había parado «justo allí», cerca de los pies de su cama. Dijo que la presencia de Jesús llenó la habitación con la sensación más increíble de compasión, belleza y perdón que jamás hubiera tenido. Habló del amor y la ternura que vio reflejados con claridad en sus ojos y de la conciencia que tuvo de que le amaban de manera profunda tan solo por lo que era. Frederick habló en voz baja, con un tono de asombro y de un modo reflexivo y lleno de gracia acerca de esta experiencia tan personal. Quería asegurarse de que yo entendiera cada palabra que decía.

—Si viera a Jesús como tú lo viste, ¿yo también lloraría? —le pregunté.

—Sin duda —respondió.

—¿Por qué lloraría? —le pregunté.

—Porque es muy hermoso —dijo—, y porque nos ama tanto y nos perdona todos nuestros pecados. Quiere que le permitamos amarnos y desea que tengamos la libertad para amarlo tal como somos.

Después que me contara esta maravillosa experiencia, hablamos durante largo rato. Estoy segura de que quería que la entendiera bien para que pudiera contársela a otros, tal como lo estoy haciendo. Con toda la educación y la experiencia que tenía, y con todo el conocimiento que otros veían en él, Frederick, como todos nosotros, no conocía la profundidad del amor de Dios hacia él. El hueco en su corazón se llenó por completo en las últimas horas de su vida.

¿Cómo explicar estas experiencias magníficas que Dios permite que tengan sus hijos? ¿Quién otro sino aquel que nos creó y que nos ama de modo tan íntimo puede saber lo que cada uno de nosotros necesita para poder correr al hogar con Él así como un niño corre a los brazos de su padre después de un largo día de juegos con sus caídas, magulladuras y dolores? Después de todo, eso es lo que hacemos al final de nuestra vida. Corremos al hogar, al Padre que nos creó, con la conciencia de todo lo que hemos hecho y de todo lo que no hemos hecho, con la confianza de que Él que conoce tan bien nuestros corazones arrepentidos, leerá allí la historia de nuestra vida y nos amará con ternura de todos modos.

Temprano a la mañana siguiente, cuando llegué al trabajo, me detuve a ver a Frederick. Las enfermeras que lo cuidaron la noche anterior dijeron que se había quedado dormido por la noche y que todavía no había respondido. Era evidente que ahora estaba descansando en el amor de Dios y se estaba preparando para irse a casa con Él, sin temor. Permaneció así todo el día.

Cuando salí para irme esa noche, me despedí de él y le agradecí por dejarme ser su amiga, y le dije que Dios permite muchas veces que la gente entable «amistades instantáneas» por motivos que no comprendemos. Solo sonrió, con los ojos todavía cerrados, para que supiera que había escuchado y que estaba de acuerdo. Cuando llegué a casa veinte minutos más tarde, mi esposo me dijo que habían llamado del centro para decir que Frederick acababa de morir.

Ira

«Grandes lágrimas fluían con suavidad de sus ojos cerrados»

Una tarde, a eso de las cinco, recibí una llamada de la oficina del centro para enfermos terminales donde me dijeron: «Por favor, tome nota de esta dirección y pase a ver a este paciente». No había información, ya que al paciente lo acababan de aceptar en el programa esa mañana y todavía no se le había hecho ninguna historia clínica. Su nombre era Ira, y su esposa llamó para pedir que una enfermera pasara a verlo esa tarde. ¿Mi corazón estaba en el lugar adecuado a esta hora del día? De ninguna manera. Estaba cansada de ver pacientes moribundos todo el día y solo quería ir a casa, darle de comer a mi familia e irme a la cama. Las cosas no serían así y me encontré conduciendo en la hora pico del anochecer, con un estado de ánimo que no era muy feliz, hasta encontrar el alto edificio de apartamentos donde vivían Ira y su esposa. Cuento mi debilidad y mi mala actitud solo para mostrar cómo Dios obra de ambos lados del camino al lidiar con sus hijos, y consuela a los que quiere consolar y corrige a los que quiere corregir dentro de una misma experiencia.

Al llamar a la puerta poco después, mi corazón todavía no estaba en un buen lugar. Una anciana vino a abrir la puerta, me anunció que su nombre era Ruth y que debía ir al templo de inmediato para hacer «los arreglos». Dicho esto, pasó volando junto a mí y se fue.

¿Quién es Ira?, me preguntaba. *¿Cuál será su diagnóstico y su condición?* Como hacía pocas horas que lo ingresaron en el programa, no había registros a mano para revisar. Di vueltas por un apartamento bastante grande, con cielos rasos muy altos y muchas habitaciones, hasta que al fin encontré a Ira. Era un hombre muy alto y delgado, que descansaba en silencio en su cama, con los ojos cerrados, con una respiración superficial y un pulso que apenas podía palparse.

Miré alrededor de la gran habitación y vi que las paredes estaban cubiertas con decenas de fotografías, premios, cartas y reconocimientos de dignatarios, presidentes y gerentes de corporaciones. Este era Ira, un hombre muy famoso, con grandes logros y mucho éxito. Lo conocía muchísima gente y, al parecer, lo tuvieron en muy alta estima en su profesión durante su vida.

Me senté en una silla junto a su cama, le tomé la mano y la sostuve con suavidad entre las mías. «Veo que ha tenido una vida muy plena y productiva», le dije, mientras oraba pidiéndole a Dios que me diera las palabras que necesitaba esta noble alma. «Veo todo lo que ha logrado y parece que esas personas cuyas vidas ha tocado tenían un concepto muy alto de usted». Comencé en un extremo de la habitación y revisé cada premio, carta y reconocimiento mostrados allí, leyendo uno por uno de los que cubrían toda la habitación. Al leerlos en voz alta, pude ver con claridad las pinceladas que formaban el cuadro de su vida. Me enteré dónde comenzó a trabajar en los años de 1920 y 1930, y cómo progresó desde los primeros puestos, hasta llegar a funciones de liderazgo en esas mismas compañías. Muchos profesionales con los que trabajó reconocían todo lo que hizo por ellos y todo lo que logró.

Ira nunca abrió los ojos durante las horas que me tomó leer cada uno de los logros que reflejaban su vida llena de éxito. De algún modo, ya sabía que esta parte de la vida estaba llegando a su fin. Cuando la respiración se tornó cada vez más lenta y comenzó a cambiarle el color, empecé a hablarle sobre cuánto lo amaba Dios, sin saber nada acerca de su sistema de creencias, solo que era judío y que se estaba muriendo. «Tu Dios es el Dios de Abraham, Isaac y Jacob», le dije. «Su Padre es tu Padre y el mío también. Conozco a Dios por medio de Jesús, el enviado del Padre, a fin de llevarnos a salvo al hogar con Él». Oí que su esposa entraba por la puerta y le dije que ahora me iría, pero que oraría por él y llamaría más tarde para ver cómo estaba.

Ira no se había movido en absoluto durante las pocas horas que estuve a su lado. Ningún movimiento de su parte me dio algún indicio de que hubiera escuchado algo de lo que dije, pero justo cuando estaba a punto de levantarme para salir, me apretó con fuerza la mano y no me soltó. Sorprendida, miré enseguida su rostro y vi grandes lágrimas que fluían de sus ojos todavía cerrados. En momentos como estos, ves la mano de Dios tocando a sus hijos de la manera más tierna. A su modo y a su tiempo, Él se da a conocer, y lo mejor es dar un paso atrás, observar y reconocer lo que nos está mostrando.

Sostuve con fuerza la mano de Ira hasta que su esposa entró en la habitación. Me explicó que todo estaba en orden y parecía aliviada por haber podido hacer los arreglos necesarios.

Me excusé, le apreté con suavidad la mano una vez más y me dirigí a la oficina que estaba a menos de diez minutos. Cuando llegué, la recepcionista me dijo que Ruth acababa de llamar para decir que Ira dejó de respirar y murió. Parecía en paz por completo cuando hablé con ella momentos después, y me dijo que poner todo en orden era de vital importancia para Ira y que estaba feliz de haber podido cumplirle este último deseo. Colgué el teléfono con la plena certeza de que Dios le ministró a Ira esa tarde y que tuvo la oportunidad de ministrarme a mí también.

Tía Helen

«George, ¿conoces a un sacerdote que venga a verme?»

Tenía noventa y nueve años de edad, estaba ciega y sorda, y vivía en un hogar de ancianos en el sur de Florida. Llamó a mi esposo para ver si podríamos ir a verla y si consideraríamos la posibilidad de llevarla con nosotros a Jacksonville. No a nuestra casa, dijo, sino a algún lugar cercano donde pudiéramos ir a verla de vez en cuando. Aunque estaba ciega por completo, podía reconocer las voces, y si te acercabas lo suficiente y elevabas la voz, podía entender algo de lo que decías. La tía Helen era tía de mi esposo por parte de su padre, y él tenía recuerdos muy gratos de ella durante su niñez cuando sus familias realizaban actividades juntas. A los pocos días de haber llamado, fuimos a verla, y a pesar de que estaba delgada y frágil, y pasaba la mayor parte del tiempo en la cama, manifestó un gran entusiasmo cuando entramos a su habitación. Dijo que supo que era George en cuanto oyó su voz en el pasillo, y lloró cuando nos dio un abrazo. Estuvo en un accidente de auto mientras conducía su amiga de noventa y cinco años, y cuando le dieron el alta en el hospital, le dieron entrada en un hogar de ancianos para que se recuperara. La trabajadora social del hospital determinó que la tía Helen no podía vivir más sola. Para alguien que siempre había llevado las riendas de su vida, esto no parecía muy bueno. Estaba asustada y sola allí, y aunque sus «amigas» la visitaban lo más que podían, no era lo mismo para ella.

Hablamos largo y tendido sobre todos los arreglos que habría que hacer: vender sus pertenencias, darle cosas a amigos especiales, ver cuál era la cobertura de su seguro, encontrar un hogar de ancianos que pudiera recibirla y también trasladarla a Jacksonville lo antes posible. Nos quedamos de visita casi todo el día, y le prometimos que regresaríamos a casa y nos prepararíamos para su llegada en cuanto pudiéramos tenerlo todo arreglado. A esta altura de la vida, en especial cuando estás ciego y sordo, y te encuentras en un lugar extraño, todo lo que deseas que suceda se produce en cámara lenta, y en este caso, nada podía acelerarse. Intercambiamos muchas llamadas descorazonadoras con la tía Helen, que tenía mucho miedo a que no hiciéramos todo lo posible con toda la rapidez posible. Por fin, gracias a que mi amiga Jackie tenía una amiga que dirigía un hogar de ancianos cerca de casa, hicimos los arreglos para que tuviera una habitación encantadora a cinco minutos de nuestro hogar. Temprano una mañana, emprendimos el viaje de cinco horas hacia el sur de Florida, a fin de traerla con nosotros a su nuevo hogar.

¡Había que verla! Aquí estaba la tía Helen, abrigada con su pijama y su bata, envuelta en una gran manta en el asiento delantero, de modo que pudiera reclinarse y aun así tener mucho espacio para las piernas. Con una bebida fría en la mano, un catéter y una bolsa colgando sobre el encendedor de cigarrillos, música de fondo y risas durante las siguientes cinco horas. Ah, y se me olvidaba mencionar las ocho o diez bolsas con camisones, vestidos, pantuflas, batas, mañanitas, pañales, rizadores de pelo, bolsas de maquillaje y alimentos amontonados en el maletero del auto. A duras penas pudimos cerrar el maletero, y la única petición que hizo durante todo ese tiempo fue tomar un batido de chocolate en McDonald's a tres horas de camino. Debo confesar que George excedió todos los límites de velocidad y nos reímos al pensar en que un policía se atreviera a detenernos para hablar sobre algo menos importante que llevar a la tía Helen a casa con nosotros dadas las circunstancias.

Llegamos al hogar de ancianos tarde en la noche y entramos como vagabundos que deambulaban por el desierto. Las enfermeras, que sabían de nuestra llegada, nos recibieron con los brazos abiertos. Con toda rapidez, llevaron a la tía Helen a la cama, revisaron su lista de medicamentos que teníamos en la mano y ella se acomodó como un recién nacido que al fin está en brazos de su madre.

La tía Helen expresaba su gratitud a diario, y el cumplimiento de cualquier deseo cumplido, por pequeño que fuera, como un trozo de embutido de paté de hígado, una salchicha alemana, un refresco o un sorbete de naranja, lo recibía con muchos elogios y gratitud. Era un gozo visitarla allí, y los integrantes del equipo que la cuidaban parecían ángeles venidos directamente del cielo.

La tía Helen era un alma dulce que nunca hería a nadie a propósito. Era alegre y resultaba divertido estar cerca de ella, y con sus noventa y nueve años, podía hacerte reír por las cosas más tontas y, sobre todo, hacerte reír de ti mismo. Amaba a su hermano y a sus sobrinos, y todavía puedo ver esas tarjetas de cumpleaños hechas a mano que llegaban a nuestro correo cuando los niños eran pequeños, con tres pedazos de goma de hayuco pegados en el interior. Aunque nunca se casó, amaba a todos los que tenía alrededor y los aceptaba tal como eran, sin hacer preguntas.

Necesitábamos mucho un descanso, así que nos tomamos un fin de semana y nuestra amiga Dianne, una enfermera del centro, se quedó para cuidarla. En esos dos días, se produjo un gran cambio y de inmediato, Dianne pudo hacer los arreglos para que tuviera una cama en el centro. Cuando regresamos a casa, su cama estaba cubierta con unos hermosos edredones azules traídos de la casa de Dianne y el frágil cuerpecito de la tía lucía un encantador camisón blanco de la propia abuela de Dianne. Aunque durante su vida no asistió asiduamente a una iglesia, la tía Helen siempre había sido muy amable y generosa. Le preguntó a George si conocía a un líder religioso que pudiera visitarla ahora y, por supuesto, los ministros Mort Danaher y Greg Fay fueron de inmediato a verla para llevarle un consuelo que nunca antes había conocido. Las enfermeras del centro, como todos los otros amigos con los que yo trabajaba, la rodearon como las gallinas con sus pollos, con voces y manos suaves hasta que cayó en aquella última y dulce despedida de buenas noches.

Recibimos tanta bendición a través de los arreglos que hizo Jackie por medio de su amiga en el hogar de ancianos, del personal que estuvo preparado para ayudarnos a cualquier hora que llegáramos y del amor protector de Dianne al atender todas las necesidades de la tía Helen en nuestra ausencia. No quedó piedra sin remover a su favor. El personal del hospital hizo todo para asegurar su bienestar y su paz interior. Los ministros que respondieron a su petición de ayuda en esta última hora también consolaron su alma. Vimos un reflejo tras otro del Dios consolador y amoroso que nos creó a todos para poder amarnos de esta precisa manera. No podría haber sido mejor.

Diane

«¿Qué pensarías si te dijera que Dios decidió sanar mi alma y mi espíritu, pero no mi cuerpo?»

Tenía tan solo cuarenta y un años de edad cuando recibió el primer diagnóstico. Medía un metro y medio de estatura y era sencillamente encantadora. Era pelirroja, tenía ojos azules y una personalidad y unas ganas de vivir que era difícil seguirle el ritmo. Con un apuesto esposo al cual adoraba y tres preciosos hijos pelirrojos, la vida era demasiado buena para Diane.

Nos habíamos hecho buenas amigas hacía diez años atrás cuando vino a una fiesta de cosméticos en mi casa. Cuando se iba, le pedí que alguna mañana, cuando pudiera, pasara a tomar un café. A la mañana siguiente, estaba en mi puerta a las ocho, después de dejar a los niños en la escuela. Cuando le dije que no había hecho café, me respondió que no debería haberla invitado a que pasara a tomar una taza. Me recordó que yo había sugerido la noche anterior que las cejas de color pelirrojo brillante no quedaban bien con su cabello del mismo color, así que preparamos un café y, a partir de ese momento, nos hicimos amigas.

Criamos a nuestros hijos juntas y como teníamos esposos que viajaban, pasamos muchas noches confeccionando ropa en el suelo de su sótano, conversando sobre la vida, sobre nuestros anhelos y sueños, y sobre todas nuestras preocupaciones. Como yo no podía coser, aun cuando mi vida dependiera de eso, ella me daba el trabajo de cortar y unir con alfileres mientras se encargaba de la costura. Entre las dos, hicimos una producción de pantalones cortos y camisas, chaquetas y vestidos, mayor de lo que jamás hubiéramos podido hacer cada una por su cuenta.

Los ascensos de nuestros esposos nos obligaron a mudarnos en muchas direcciones diferentes, pero siempre, siempre, seguimos en contacto y nos considerábamos las mejores amigas.

A menudo, hablábamos sobre cada aspecto de la vida con sus alegrías y tristezas. Diane era una persona espiritual y se encontraba en la búsqueda de una relación más profunda con Dios. Muchas veces, hablábamos de lo que pensábamos o entendíamos respecto al lugar que Él tenía en nuestras vidas y sobre lo mucho que nos amaba. Durante momentos desafiantes en las vidas de ambas, ella venía a mi casa por la noche. Diane juntaba oraciones que le hablaban al corazón, las copiaba en un cuaderno de hojas amarillas y las leía durante nuestro tiempo juntas. Sabía que Dios la estaba preparando para algo nuevo y extraordinario que sería muy importante para ella y para toda su familia en el futuro.

Pasaron algunos años y, un día, me llamó desde Atlanta para decirme que en dos semanas los aceptarían en la iglesia a ella y a su familia. Quería que todos estuviéramos presentes para esta ocasión tan feliz, para la cual Dios la había preparado durante largo tiempo. A partir de entonces, entró en un nuevo período en la vida de comprensión y amor más profundo hacia Dios, y esta experiencia nueva y apasionante influiría en su esposo y en sus hijos durante largo tiempo en el futuro. Los años pasaron y los hijos crecieron, y Diane era una vendedora exitosa de bienes raíces. Entonces llegó la llamada telefónica. Diane tuvo una convulsión y se cayó mientras mostraba una casa. A continuación, vinieron muchos análisis, estudios y preocupación. Después de todo, era muy joven, dinámica y alegre. ¿Cómo era posible que algo anduviera mal en ella? Sin embargo, así fue. Le diagnosticaron cáncer de pulmón, que se había diseminado a la columna y al cerebro, y el pronóstico no era bueno. Los medicamentos experimentales, las dietas especiales y todos los recursos disponibles para tratar de demorar la enfermedad fueron en vano.

«Enciende rápido la televisión», me dijo por teléfono, temprano una mañana. «Hay un ministro en Boston llamado Ralph D'Orio que tiene el don de sanidad. ¿Me acompañarías a verlo?».

Podíamos encontrarnos en Atlanta y volar juntas a Boston, y Lisa [su hija] también vendría. Con toda celeridad, resolvimos los detalles de fecha, hora y lugar, y arribamos a Boston. Nos dirigimos a la iglesita donde hablaba D'Orio.

¡Qué experiencia tan nueva para todas nosotras! Cientos de personas amontonadas en la pequeña iglesia, con niños muy enfermos y familiares en sillas de ruedas o en camillas. Comenzó el servicio. En mis oraciones por Diane, le había pedido a Dios que la rodeara con sus brazos y la abrazara. Le rogué que la sanara y le dije una y otra vez que la dejaríamos al pie de la cruz, con la certeza de que Él la amaba más de lo que podíamos amarla cualquiera de nosotros, y que confiaríamos en que Él la cuidaría.

En algún momento, D'Orio dijo que todos los que deseaban oración se dirigieran al frente y le dijeran en qué parte del cuerpo tenían la enfermedad. Les impuso la mano a uno por uno y, por primera vez en nuestras vidas, vimos cómo era recibir el toque del Espíritu al ver a la gente que caía al piso, mientras los voluntarios amortiguaban su caída. Quedamos asombradas ante lo que vimos, aunque Diane proclamaba todo el tiempo en voz alta que ella no iba a hacer algo tan tonto como eso. Le aseguramos que no habíamos recorrido semejante distancia para que no hiciera lo que se le pedía. A regañadientes, comenzó a caminar por el pasillo y cuando el ministro se le acercó, le preguntó dónde tenía la enfermedad. Ella le explicó que tenía cáncer de pulmón, que se había diseminado al cerebro y que ahora estaba en todo su cuerpo. Primero, le colocó las manos en la cabeza, después en el pecho y en la espalda, y bajó del altar para abrazarla, entre tanto ella descansaba su cabeza sobre su hombro. Para nosotros fue como si el tiempo se detuviera, mientras observábamos cómo el ministro oraba por Diane y la abrazaba. Fue como si viéramos al mismo Jesús tocándola y sanándola. Luego, D'Orio tomó las manos de Diane entre las suyas y la hizo subir los escalones de mármol que estaban detrás del altar, justo delante de la cruz de tamaño real. Cuando le impuso las manos y comenzó a orar por ella, Diane cayó al suelo y permaneció allí sin moverse, en una posición de descanso hasta que todo terminó más de veinte minutos después.

Cuando se despertó y vino caminando por el pasillo hacia nosotros, sonrió y dijo: «¿Hice lo que creo que hice?». Se veía absolutamente radiante y en paz. Al día siguiente, nos dirigíamos hacia casa, sin saber a ciencia cierta el significado de lo vivido y lo que le deparaba el futuro a Diane.

Regresó a las islas del Caribe donde se estaba sometiendo a terapias experimentales, con muy poco éxito. A las pocas semanas de haber estado en Boston, me llamó temprano una mañana.

—¿Qué pensarías si te dijera que Dios ha decidido sanar mi alma y mi espíritu a través de esta experiencia, pero no mi cuerpo? —dijo.

—¿Cómo te sientes tú al respecto? —le pregunté.

—Me siento bien y puedo aceptarlo —contestó—. Estoy en paz.

Diane parecía tener una gran aceptación de esta nueva comprensión y revelación acerca de su vida, diciendo que pronto volvería a su hogar en Atlanta y que, entonces, podríamos hablar más.

Algunas personas son mayores que la vida. Aman con entusiasmo, disfrutan sin límites y confían con una intensidad que desafía el sentido común. Su vida, aunque corta en años, estuvo tan llena de buenos momentos y de diversión como las de quienes viven el doble.

Recibí la llamada de Lisa una tarde, cerca de una semana después. Diane había regresado de las islas, pero ahora estaba de nuevo en el hospital. Estaba mucho más débil y el panorama no era alentador. Ahora, toda su familia estaba a su lado. Partimos hacia Atlanta de inmediato, y condujimos lo más rápido que pudimos, con la esperanza de que pudiéramos verla una última vez. Sin embargo, no sería así. Vimos una estrella fugaz brillante y hermosa que cruzó el cielo al atardecer y nos detuvimos en un teléfono en la autopista para llamar al hospital. Nos dijeron que Diane acababa de morir.

Esta hermosa y dinámica mujer dejó huellas duraderas en los corazones y las mentes de todos los que la conocieron. Con su alocado sentido del humor, su entusiasmo por la vida y el profundo amor hacia su esposo y sus hijos, Diane creó recuerdos que nunca han desaparecido, aun después de más de veintinueve años. Diane tenía un asombroso parecido con Shirley MacLaine. Hasta el día de hoy, los amigos y los familiares solo tienen que ver una película de Shirley MacLaine para recordarla bien. Su risa sonora, el gesto de frotarse la nariz cuando se preparaba para contar una broma y al decirles a todos cuánto los amaba hacen que podamos recordar a Diane como si hubiera estado aquí ayer.

Estoy más que segura de que las vidas de su amado esposo y de sus tres hijos se han llenado de gracia debido al don de la fe que ella recibió años atrás de parte de Dios. En la actualidad, todos sirven de un modo u otro en las comunidades de su iglesia, que estoy segura que era lo que Dios tenía en mente cuando los condujo a su nueva iglesia en Atlanta tantos años atrás.

La abuela

«El barco ya está aquí»

La vida es un círculo. Si regresas al tercer capítulo de este libro, encontrarás una historia titulada «El abuelo». El tiempo entre esa historia y esta es de veintidós años. La vida de la abuela a partir del momento en que murió el abuelo, cuando tenía setenta años de edad, hasta que se reunió con él en el cielo a los noventa y dos años, fue una aventura.

Ann Lamprecht nació en Alemania a comienzos del siglo XX. Llegó a los Estados Unidos con su familia en un barco, con poco más de la ropa que traían puesta. En esa época, la supervivencia lo era todo. La ropa bonita o la diversión no estaban a su alcance, y desde muy temprano, aprendió que tienes que trabajar duro para tener algo.

Desde el tiempo en que la abuela era una niña, sintió que la amaban solo si podía contribuir con algo. Lo menciono, porque sé que vivió con esa sensación desde que era una niña, y solo muy avanzada en la vida llegó a tener una nueva comprensión de ser amada por sí misma.

Los primeros diez años que siguieron a la muerte del abuelo fueron una nueva aventura para ella, ya que se había dedicado por completo a hacer feliz a este hombre durante los cuarenta y dos años que estuvieron juntos. No es que no amara ese rol, porque sí lo amo. Sin embargo, ese tiempo ahora había terminado y estaba a punto de comenzar un nuevo rol. Había llegado el tiempo de dedicarse solo a ella, y la vida le trajo muchas cosas nuevas e interesantes para hacer. Estaba dispuesta a todo.

Jugaba al golf y a las cartas con las amigas, salía de paseo, trabajaba como voluntaria en la iglesia, dedicaba tiempo a visitar hogares de ancianos, asistía a la iglesia con regularidad y entre una cosa y otra, llevó una vida ocupada y feliz.

Diez años pasaron volando y pareció disfrutarlos mucho. Después de una serie de pequeños ataques de apoplejía, comenzamos a darnos cuenta que cada día estaba un poquito más débil, a pesar de que los ataques no dejaban señales visibles. Había llegado el momento de hablar acerca de lo que podía depararle el futuro.

Le hicimos una visita sorpresa cuando cumplió ochenta años y quedó encantada. Al terminar una espléndida cena, durante la cual contamos historias del abuelo y del tiempo que estuvieron con nosotros antes de que él se fuera al cielo, empezamos a hablar.

Dimos vueltas alrededor de la cuestión, tratando de ser lo más sensibles que pudiéramos, pero no llegábamos a nada. De repente, Jon, nuestro hijo del medio, dijo: «Abuela, ¡imagínate! Si tuvieras un gran ataque de apoplejía que te deje caminando y hablando de manera graciosa, y no puedes vivir más sola, ¿qué te gustaría que hiciéramos? Estas son tus opciones. Primera, puedes quedarte aquí en tu casa y traeremos a alguien que se quede a vivir aquí para ayudarte.

Segunda, puedes ir a un hogar de ancianos cercano para que tus amigos puedan visitarte. Tercera, puedes venir a vivir con nosotros en Jacksonville. ¿Qué te parece?». A esta altura, todos reíamos ante la franqueza de la conversación, diciéndole a la abuela las ventajas y las desventajas de cada opción. Fue una conversación alegre en su totalidad, y cuando por fin nos aquietamos, ella nos miró sonriendo y dijo: «Me gustaría ir a vivir con ustedes a Jacksonville, si esto sucediera alguna vez». Fin de la discusión. Cuando llegara el momento de un cambio, lo sabríamos, y ella vendría a vivir con nosotros, hasta que se uniera al abuelo en el cielo.

La llamada llegó una tarde por medio de Sandra, una sobrina a la que crió, diciendo que veía un cambio en el modo de hablar de la abuela y en su capacidad para comprender. Una rápida llamada confirmó sus preocupaciones y nos llevó al sur de Florida en pocas horas. Cuando llegamos, estaba sonriente, y nos aseguró que se sentía de lo mejor, feliz de que hubiéramos llegado bien y que en ese mismo momento se iba a la cama. No habían pasado dos minutos cuando oímos un fuerte estrépito que nos mandó volando a su habitación. La abuela se había caído al suelo y prácticamente no tenía respuesta cuando George la levantó con suavidad y la llevó a la cama. A los pocos minutos, preguntó qué le había sucedido, lo cual nos hizo preguntarnos con cuánta asiduidad habría tenido lugar esta experiencia en el pasado.

A la mañana siguiente temprano, llamamos al médico para preguntarle por la última vez que la había visto, ya que ella siempre nos contaba que él le decía que estaba muy bien. Nos aconsejó que ya no podía vivir sola y estar segura, y accedió a enviarle su historia clínica a un amigo en Jacksonville, el Dr. Arthur Browning, que sería el que se ocuparía de ella con gran amabilidad durante los siguientes diez años.

Cuando la abuela se despertó por la mañana, le contamos la conversación que tuvimos con su médico, y fue asombroso ver la disposición que tuvo para escuchar su recomendación de venir a vivir con nosotros. Lo aceptó con tanta facilidad que nos percatamos de cuántas cosas se había guardado y de lo aliviada que se sentía ahora que venía a casa con nosotros. A los ochenta y dos años de edad, comenzaba otra nueva aventura en su vida.

A lo largo de los años, se reía al pensar en su idea de cómo vendría a quedarse con nosotros, como lo hizo el abuelo, para estar cómoda y cuidada, e irse al cielo en unos dos o tres meses. Las cosas no serían de ese modo para la abuela, así que los diez años siguientes estuvieron llenos de una nueva clase de vida. Fue diferente y desafiante. Sin embargo, al final, fue una experiencia que nos ayudó a todos a crecer como nunca lo hubiéramos esperado. Nos trajo el rostro de Dios en muchas maneras nuevas, junto con la oportunidad de amar como lo hizo Él, aunque mentiría si dijera que siempre fue fácil. Dios nos probó a todos en el fuego de esta nueva experiencia y nos enseñó muchas cosas que quería que aprendiéramos los unos a través de los otros.

Como George y yo trabajábamos, numerosas llamadas telefónicas a lo largo del día nos mantenían conectados. El trabajo de George le permitía ir y venir según fuera necesario, así que en esa época llevaba a la abuela al supermercado, al salón de belleza, a las citas con el médico o a almorzar a un bonito lugar, él y ella a solas. La abuela apreciaba estos momentos a solas con su hijo, y como el exceso de conversación nunca fue algo demasiado importante para ninguno de los dos, disfrutaban de la silenciosa unión que compartían.

Durante los diez años siguientes, continuó yendo a Boston todos los años durante una semana para visitar a Sandra, a quien crió y amaba mucho. La profesión de Sandra en el campo de la psicología le permitió ayudar a la abuela a ser ella misma en muchos sentidos, después de la muerte del abuelo, y aportó una gran contribución a la nueva comprensión de sí misma.

Anhelaba el tiempo que pasaba con su hija, Janet, y su familia extendida en Illinois y se deleitaba con la atención que le daban sus hijos, nietos y bisnietos mientras estaba de visita allí.

Muchas veces, la llamaba desde el trabajo a última hora de la tarde y le preguntaba si deseaba una «noche en la ciudad», a lo cual nunca respondía que no. Salíamos a comer comida china o langosta en un lugar de mariscos y, algunas veces, me pedía que la llevara al club al que pertenecíamos tan solo para vestirse mejor. Por lo general, comíamos hasta que estábamos llenas y después pedíamos que nos envolvieran el resto. Más de una vez, salimos con la comida apoyada todavía en el techo del auto. Rompíamos a reír cuando oíamos o veíamos los rollos de huevo, el *chow mein* de pollo o la langosta salir volando por el aire. En noches como estas, hablábamos acerca de los sentimientos, de cuánto la amábamos, de lo feliz que estábamos de tenerla con nosotros y de lo encantados que estaban los muchachos de saber que ella se sentía segura allí. Durante la mayor parte de su vida, la abuela no habló con facilidad de sus sentimientos, pero a medida que envejecía y comenzaba a entender cuánto la amábamos por lo que era, comenzó a sentirse cómoda para expresarse a sí misma. Siempre me preguntaba cómo podía amarla tanto ya que no era mi madre y se había quedado mucho más tiempo del que pensaba. Durante esos momentos era que reíamos y llorábamos juntas y, por lo general, le decíamos que solo había estado con nosotros uno o dos años, cuando en realidad eran más bien siete u ocho, y ella se reía a través de las lágrimas de solo pensarlo.

A medida que las cosas empezaban a cambiar y no podía conducir hasta la iglesia o hasta una tienda, le resultaba importante hacer cosas con otros y por otros, aunque las hiciera en casa. Agregamos escalones, una acera y una barandilla que conducía a su amado jardín, donde pasaba horas sacando malezas, podando arbustos y alentando a las flores a crecer. De vez en cuando, se caía hacia atrás, tal como lo hacía Tim Conway en el *Show de Carol Burnett,* y entonces un vecino nos llamaba a George o a mí para que lo supiéramos. En esa época, nuestros vecinos estaban atentos cada vez que la abuela se aventuraba a salir, y ella casi no podía creer con qué rapidez podíamos llegar a casa para ver cómo estaba después de una caída. Durante esos días, se caía más, y si nadie la estaba mirando, se iba sola a la cama a descansar, sin mencionar lo sucedido. Tenía tantos deseos de no ser una carga que la verdad solo salía a luz cuando veíamos una magulladura o un chichón en la cabeza.

A esta altura, habían pasado ocho años y los noventa años de la abuela se celebraron con todas las personas favoritas que podían acomodarse alrededor de nuestra mesa del comedor. Se veía hermosa como siempre y se deleitaba en ser el centro de la atención en este día especial. El proceso de deterioro era evidente en cada aspecto de su vida, y a medida que crecía su cansancio, muchas veces me preguntaba: «¿Por qué todos ustedes me siguen amando tanto? Ya no puedo hacer nada por ustedes». Le recordaba una y otra vez que había sido una suegra maravillosa para mí durante más de cuarenta años, y que era muy bueno que así hubiera sido, porque ahora me resultaba muy fácil amarla y atenderla. Había sido una influencia positiva, amable y amorosa para mí, y estaba feliz de que estuviera con nosotros.

Por lo general, el día terminaba mirando juntas dos episodios consecutivos de *Las chicas de oro*, y ella se reía a carcajadas ante las cosas que sucedían en la vida de la madre anciana, que podía relacionar con tanta facilidad con su propia vida. En especial, le gustaban sus bromas subidas de tono, que repetía para sí misma con una risita, y muchas veces, pensé que le hubiera gustado decírnoslas a nosotros en ciertas ocasiones, tal como la madre de Dorothy hacía en la televisión.

Cuando la abuela llegó a los noventa y un años, era claro que estaba declinando, y a pesar de que no tenía una enfermedad terminal en sí, se sentía cada vez más cansada. A menudo, decía que creía que su tiempo estaba llegando a su fin, y parecía aceptar tanto este hecho que estaba ansiosa por verlo llegar. A menudo he visto esto en pacientes ancianos que he cuidado y también en los más jóvenes que han sufrido durante largos períodos con enfermedades crónicas que llegan a una fase terminal. No es tanto que quieran morir y dejar a sus seres queridos, sino más bien es una certeza de que han agotado la vida que se les dio, y están listos para cambiarla por una nueva vida prometida que se llama eternidad.

Sabíamos que necesitaríamos la ayuda extra que el centro podía proporcionarnos para cuidar a la abuela, así que los llamamos una tarde. Vinieron temprano al día siguiente y trajeron al equipo de profesionales que amarían y cuidarían a la abuela, y nos ayudarían en muchas más maneras de las que uno puede imaginar. Ella estaba encantada con las enfermeras, con los médicos, con los trabajadores sociales y con los voluntarios que la visitaban en la casa. Se deleitaba en toda la nueva atención que recibía y sé que también estaba agradecida por ver que nosotros también encontrábamos alivio en la guía y el consejo que nos daban.

Un monitor colocado en su habitación nos mantenía siempre vigilantes por la noche, y solo tenía que decir nuestro nombre para que, en segundos, alguno de nosotros estuviera a su lado. El acuerdo al que habíamos llegado de no levantarse sola sin llamarnos se rompió una noche, cuando nuestro hijo Ken vino corriendo a las tres de la mañana para decirnos que la abuela se había caído en el baño y estaba muy lastimada. La levantamos de la mejor manera que pudimos y, después de acostarla en la cama, comenzamos a lavarla y a cubrirla con ropa limpia y mantas abrigadas, porque temblaba con mucha fuerza. Una llamada a la enfermera del centro, Dianne, nos permitió llevarla de inmediato al centro para enfermos terminales a fin de que pasara la noche.

Era mediados de noviembre, y la abuela permaneció casi sin respuesta por seis días; durante este tiempo, tratamos de mantenerla lo más cómoda posible. Llamamos a familiares y amigos que le hicieron muchas visitas durante las tres semanas siguientes, y en ese lapso, comenzó a estar más alerta y a tener más respuesta. Atesoramos muchos recuerdos conmovedores de esas visitas. Mi hijo George se quedó varios días. La imagen de mi hijo Jon arrodillado junto a su cama ha quedado grabada para siempre en mi corazón. Todos se turnaban para pasar un tiempo a solas con ella, para amarla y agradecerle por todo lo que había sido para cada uno.

La abuela me preguntaba muchas veces al día si su habitación estaba justo al lado de mi oficina. Parecía que le daba mucha seguridad que yo entrara y saliera durante todo el día. La constancia de la atención amorosa de todos, y ni que hablar de los ángeles con uniformes de enfermeras que la atendían, le daban una paz dulce y apacible. Los amigos de la iglesia venían y siempre le daban seguridad respecto al amor de Dios hacia ella y cantaban dulces himnos. Eso era todo lo que necesitaba oír. Ken, nuestro hijo menor, tenía que salir de la ciudad durante el fin de semana. Le preocupaba no estar junto a la abuela cuando muriera, así que tuvo una conversación muy tierna con ella antes de partir, en la cual le dijo que ella no podía ir a ninguna parte hasta que él volviera. Ken y la abuela tenían una dulce relación que se remontaba a la niñez de mi hijo, y ella entendió muy bien a qué se refería. Sonrió cuando le dio un beso de despedida.

Temprano una mañana, pasé a verla antes de ir a mi oficina, y Sandra estaba a su lado.

—La abuela nos está diciendo algo muy especial esta mañana —dijo y la alentó a que repitiera las palabras delante de mí.

—El barco ya está aquí, querida —dijo con una tranquila sonrisa.

—¿A qué barco te refieres? —le pregunté.

—Al barco que viene a buscarme. ¿No sabes a qué barco me refiero?

—¿Te subirás al barco ahora? —le pregunté.

—Todavía no —dijo ella—. Los números siete, ocho y nueve están antes que yo.

—¿Cómo sabrás cuándo es tu turno? —le pregunté.

—Ah, son muy agradables aquí, querida, vienen a buscarte —contestó con suavidad, así como si estuviera hablando de cualquier otro hecho natural a su alrededor.

Por naturaleza, la abuela no era una persona de hablar mucho ni tampoco era dada a las conversaciones largas o emotivas. Aquí la teníamos ahora, explicándonos con tono muy alegre que el barco estaba en la bahía esperándola, pero que otros debían ir primero, y que cuando llegara su turno, ellos se lo dirían y vendrían a buscarla. Dijo todo esto con una sonrisa muy dulce en el rostro, completamente en paz con todos y con todo lo que la rodeaba, y sin el menor temor.

Es probable que la experiencia de la abuela de viajar en barco a Estados Unidos cuando tenía dos años representara un papel importante en las imágenes que experimentaba ahora al partir en este, su último viaje. El barco al que se refería la llevaría en este nuevo viaje al cielo, que con seguridad la esperaba.

Murió a la noche siguiente, justo cuando Ken entró en la habitación y le susurró al oído que ya estaba de vuelta en casa. No me queda duda de que sabía que él estaba allí, tal como lo prometió. Al final de su vida terrenal, se encontró rodeada por la familia que la amaba tanto. Por fin, comprendió que la amábamos completamente por quién era y no por lo que podía hacer por los demás. Estoy segura de que el cielo entero estuvo feliz de verla.

Toda la vida es un viaje, desde el día en que nacemos hasta el día en que morimos. Cada minuto de vida, aprendemos. Nadie, excepto el Dios que nos hizo, sabe lo que puso Él en nuestros canastos de aprendizaje cuando nos concibieron en el vientre de nuestra madre. Solo Él conoce el proceso mediante el cual creceremos hasta alcanzar la madurez espiritual y lo fácil o difíciles que serán las lecciones para nosotros. Él proporcionará todo lo necesario para completar bien la travesía, pero nosotros debemos estar dispuestos a aprender de cada persona que Él nos pone en el camino para enseñarnos, ya sea que pensemos que la persona es digna de esa función o no. Al hacerlo, las hebras ocultas, sutilmente entretejidas por Él y que nosotros no podemos ver, completarán el tapiz de nuestras vidas.

La abuela permitió que Dios le enseñara lo que Él quería que aprendiera mientras estuvo con nosotros esos diez años y que la usara para hacernos crecer como individuos y convertirnos en la familia que Él deseaba que fuéramos. Por siempre le estaremos agradecidos por haber sido el vaso que Dios usó para refinarnos.

Mami

«George, llévame con John ahora, por favor»

Margaret Mary Fitzpatrick tenía dos años cuando su madre murió de tuberculosis, y no encontró un hogar permanente hasta que su padre se casó de nuevo cuando ella tenía siete años. Hasta entonces, vivió con primas o tías solteras y, más tarde, en una casa de huéspedes, donde su padre la visitaba todas las noches al regresar a casa del trabajo. Se preguntaba por qué el sonido de la música de concierto la hacía llorar desde lo profundo de su alma. Solo años después se enteró que su madre tocaba música clásica en el piano todos los días, y que un día, la música no sonó más. El anhelo de amor y de un sentido de pertenencia no encontró un lugar seguro donde descansar hasta que conoció a mi padre.

Diferentes como del día a la noche, Margaret Mary, conocida como Peggy Fitzpatrick, y John Joseph Patrick Horan se casaron en 1935. Juntos criaron cuatro hijas con muy poco dinero, mucho esfuerzo, trabajo y determinación, amor inquebrantable y constante oración. Caminaban un kilómetro y medio hasta la misa todas las mañanas, con lluvia o con sol, en una pequeña ciudad llamada Tappan, Nueva York. Algunos de nuestros recuerdos más preciados son de cuando nos llevaban a la iglesia los domingos, sobre una tabla que se deslizaba por la nieve con sogas atadas a sus cinturas. Cuando papá murió en 1973, mamá solo tenía sesenta y cinco años y le quedaban muchos años muy productivos por delante. Durante este tiempo, viajó mucho y trabajó para la iglesia de una forma u otra hasta bien entrada en los ochenta años. Leyó los libros que amaba, aprendió sola a tocar más de ciento cincuenta canciones en el órgano y amó a sus hijos y nietos de manera profunda. Todavía puedo verla cuando conducía los cuarenta y cinco minutos desde su casa hasta la mía, con las ventanillas bajas, el cabello blanco al viento, mientras su amada música clásica sonaba siempre en la radio, para que todo el mundo la escuchara. Era divertida, disciplinada, tierna, bonita, tenía mucha determinación, era dogmática, oraba siempre, dependía del amor y tocaba a todo el que conocía tanto con su humanidad como con su alma profundamente espiritual.

Maureen, mi hermana mayor, vivía con mamá antes de que papá muriera y continuó viviendo con ella hasta que mamá tenía casi noventa años. Para entonces, a mamá le resultaba difícil quedarse sola todo el día mientras Maureen trabajaba, así que pasaba dos o tres días a la semana con Peg, o Maggie como la llamábamos, que vivía cerca. A mamá le encantaba estar con Peg y con Jim, que tenían una habitación especial decorada de manera hermosa solo para ella. «Ustedes son maravillosos», les decía mientras se desvivían por ella y la trataban como a una reina, le servían los dulces que tanto le encantaban y la hacían reír por casi todo. Con los años, mamá y Peg entablaron una amistad muy profunda de mutuo respeto que perduró en el tiempo. Les permitió amarse por completo y sin reservas. Como fue muy independiente toda su vida, mamá quiso seguir siéndolo, aun cuando estaba cada vez más frágil e insistía en regresar a su hogar después de algunos días.

Anne la visitaba con regularidad desde Nueva Jersey y le traía su propio toque de ternura tan especial. Como la menor de la familia, Anne siempre había sido la que ayudaba, la que trataba de hacerlo todo bien y la que estaba dispuesta a darte la camisa que tenía puesta si la necesitabas. Ahora se esforzaba con mucho empeño, a pesar de todo lo cierto del estado de mamá, de hacerla sentir bien para que no se fuera. Quería que estuviera aquí para siempre y pensaba que con solo desearlo se haría realidad. No sería así, y pienso que la pérdida de mamá fue más difícil para Anne, como bebé de la familia, ya que esta vez, no pudo ayudar para que las cosas fueran mejores. Llenó la vida de mamá con infusiones, exquisitas lociones para las manos y el cuerpo, ejercicios que pensaba que la mantendrían ágil, cualquier vitamina que pensara que podía fortalecerla, hermosas prendas de ropa, chales y chaquetas para mantenerla cómoda y abrigada, además de abrazos y besos a cada vuelta del camino.

Maureen llenaba su vida con las noticias de cada día de trabajo. Las idas y venidas de la gente que trabajaba con ella, y todos los jolgorios que podía transmitirle con gran humor y estilo. Recordaban vacaciones felices y maravillosas que tuvieron juntas, en especial la vez que fueron a Checoslovaquia, donde mamá había querido ir toda su vida. Para ella, aquel viaje fue la culminación de un sueño de toda la vida y, muchas veces, expresaba el gozo de haberlo compartido con esta hija. Maureen se quedaba levantada todas las noches hasta que mamá usaba el baño por última vez, y prestaba atención a lo largo de la noche para asegurarse de que estuviera bien y segura. La amaba como solo una primogénita puede hacerlo, y mamá lo sabía muy bien.

Sin embargo, llegaba septiembre y mamá transitaba su año noventa y uno. Estaba cansada y ya no quería avanzar y retroceder. Y así fue que vino a estar conmigo durante su último año en la tierra. Por alguna razón que solo Dios conoce, ella y yo habíamos sido más hermanas que madre e hija. Desde que yo era muy joven, habíamos descansado la una en la otra y nos habíamos aconsejado como lo hacen dos amigas íntimas. La confianza que teníamos en común era la piedra angular de nuestra amistad de toda la vida. Mamá dijo muchas veces a lo largo de los años: «Cuando llegue mi hora, vendré y me quedaré contigo, ¿está bien?». Así fue que pasó el último año de vida acurrucada junto a mí y a mi familia, cómodamente en paz, meditando en la vida de Cristo, escuchando la maravillosa música clásica que amaba, mirando a George Will en el noticiero de la noche, sentada en el patio que da al lago y con las visitas de sus hijas, nietos y muchísimos amigos que la amaban.

Un día, de manera inesperada, le pregunté si podía decirme una sola palabra que definiera toda su vida y, sin vacilar, me respondió con una sonrisa: «¡Fantástica!». Había peleado la buena batalla, había crecido por la gracia de Dios y, ahora, veía la vida como algo «fantástico». Más de una vez, mientras estaba sentada en quietud, solo sonreía y me decía: «Aquí hay mucha paz, querida. Estoy muy agradecida y feliz de estar contigo. Tú sabes que te amo mucho». Un millón de dólares no podría sustituir este precioso tiempo que pasamos juntas.

Celebramos su cumpleaños en septiembre solo con los más cercanos, ya que nunca le había gustado ser el centro de la atención y esto no había cambiado. Los días pasaban en calma, y cada nueva mañana la encontraba con más deseo de ir al cielo para ver a su amado John otra vez. «¿Tú y yo hemos hablado de todo lo que se necesita saber?», me dijo una tarde. «¿Se han hecho todos los arreglos con respecto a mi casa y todo está en orden para las muchachas?» Esta era una madre que había contado con exactitud la misma cantidad de regalos para cada una de sus hijas todas las mañanas de Navidad, así que sería justa hasta el final. Lo estaba haciendo ahora, al desear que todo quedara en perfecto orden para sus hijas.

La primavera trajo días cálidos y soleados, mucho tiempo de siesta, su encantadora música clásica, la comunión a menudo y las oraciones todo el día. Le encantaba su sorbete arco iris, los huevos revueltos con panceta en pequeñas cantidades y la sopa de pollo, aunque un día me dijo que si le daba más, estaba segura de que le saldrían plumas. Las amigas venían a hacerle la manicura, a recortarle y lavarle el cabello, a escuchar música con ella, a mirar viejas fotografías y a oír las historias que tenía que contarles detrás de cada foto.

Hablaba con frecuencia acerca de su padre, de lo bueno que fue con ella y de lo feliz que estaría de verlo otra vez. Aunque murió cuando ella solo tenía veinticinco años, tenía recuerdos vívidos suyos, llenos de amor y devoción. Un día, sonriendo, me dijo: «Alguien me llama: "Margaret, Margaret". Pienso que es papá o tal vez la tía Margaret. Creo que quieren verme». Esto lo dijo con mucha naturalidad, tal como lo hacen quienes se están acercando al momento de su muerte. A menudo, hablaba de la madre a la que había extrañado toda su vida y, de vez en cuando, la llamaba con suavidad: «Mamá, mamá». Se preguntaba si la reconocería, ya que tenía solo dos años cuando murió su madre y, en realidad, no recordaba cómo era. Le prometí que de algún modo, como solo Dios puede hacer las cosas, reconocería el rostro de su madre en cuanto la viera, y creo que eso es lo que sucedió un día muy especial antes de que muriera.

Abril fue un punto crucial en la condición de mamá. Estaba más débil en todo sentido y preguntaba con mucha más frecuencia cuándo me parecía que Dios la llevaría al cielo. Deseaba encontrar al «novio», decía.

—Tan solo quiero sentarme a los pies del Maestro y estar con Él ahora. Ya no deseo más esta vida. ¿Dónde está la puerta al cielo? ¿Puedo levantarme y entrar ahora?

—No, mamá, tu ángel vendrá a buscarte aquí y te llevará desde esta habitación cuando llegue el momento —le decía.

Parecía muy satisfecha de saber que sucedería de ese modo y sonriendo, me dijo:

—Tu padre estaría muy orgulloso de ti, querida.

Una de las experiencias más dulces que tuvo durante este tiempo fue una visita del doctor George Joseph, un médico que le gustaba mucho y en el que confiaba. Él oró con ella las oraciones más sencillas y conocidas que sabía tan bien y que leía de un pequeño libro de oraciones de su niñez. Sería difícil describir el gozo pleno y el consuelo que le trajo este sencillo acto de bondad. Cuando él le dio un permiso paternal de «ir hacia delante» en cualquier momento en que se sintiera lista, fue mucho más de lo que parecía. Era como si su propio padre le diera permiso para irse al hogar, así que ella se sintió muy feliz de oírlo de su boca. Qué bueno fue Dios al alentarla por medio de la persona que Él sabía que vería como una figura de autoridad y que podría tocar su alma de tal modo.

Cuando el verano comenzó a abrirse paso entre la primavera, Anne venía de visita a menudo y Peggy venía tres días a la semana a atender todas las necesidades de mamá. Ella amaba a tres de mis amigas más cercanas y Edry, Lenora y Jackie también la amaban. Las tres eran un enorme consuelo para ella cuando pasaban de visita, cuando le traían flores hermosas, escuchaban música con ella o solo se sentaban en silencio tomándola de la mano. Maureen la visitaba los días que no trabajaba y las llamadas nocturnas eran la norma. A estas alturas, yo trabajaba en casa casi todas las mañanas y alguna amiga especial se quedaba con mamá hasta que yo regresaba del trabajo los días que Peg o Anne no podían venir. George se ocupaba muy bien de llevar o sacar a mamá del sillón reclinable, de llevarla al baño, de calmar su sed y hacer que se sintiera cómoda. Como tiene la oficina en casa, estaba disponible la mayor parte del tiempo, y en algunos de mis recuerdos más tiernos está él satisfaciendo cualquier necesidad que ella le manifestara. «George, llévame con John ahora, por favor», le rogó un día mientras él la incorporaba en la cama. Lo veía como alguien que estaba al mando y que podía arreglar las cosas, y él respondió a esta sorprendente petición con su sonrisa comprensiva, a la vez que le aseguraba que había oído su petición y que pronto vería a su amado John.

A estas alturas, las conversaciones íntimas e internas que había tenido con Jesús toda su vida se hacían audibles. «Jesús, ven y llévame al cielo contigo», rogaba a menudo. «Ya no deseo más esta vida. Quiero darte mi corazón. Sé mi fortaleza. Te amo. No puedo hacer esto sola». A mamá, las conversaciones íntimas como estas con el Jesús al que tanto amaba le salían con mucha naturalidad. Él había sido su salvador, su redentor, su amante, su santificador, su hermano y amigo a lo largo de su vida, y ahora, eso no había cambiado. Sus conversaciones con Él y sus ruegos eran muy personales y conmovedores, y hacían que la presencia del Señor al que amaba fuera extraordinariamente real y un regalo para los que estábamos cerca como para oír.

—¿Quién es el anciano que está parado en el rincón y que me mira? —me preguntó un día mientras estaba sentada en la cama con ella—. Está todo vestido de blanco y tan solo me observa.

Los pacientes hablan muchas veces de ángeles que permanecen cerca de ellos en estos momentos de su vida y casi siempre los describen como varones de dos metros y medio de altura, con vestiduras tan blancas que parecen luminiscentes.

—¿Te parece que es tu ángel? —le pregunté. Asintió. Entonces le dije—: Sería muy propio de ti tener un ángel anciano.

—Eres un tesoro —me dijo sonriendo—. Estoy muy feliz de tenerte.

No hay palabras para describir la ternura y el amor reflejados tanto en su voz como en sus hermosos ojos azules en momentos como estos.

El cuidado del hospicio en ese momento significó muchísimo para mamá y nos ayudó de un modo muy real y tangible a prepararnos para esta última fase en su larga y significativa vida. Cuando la sanidad y la recuperación ya no son posibles y la muerte es inevitable, el cuidado del centro para enfermos terminales le permite a la persona vivir a plenitud, sin dolor y cómoda de manera física, emocional y espiritual, hasta que se agotan los días. Nancy, Bárbara y Dianne fueron los ángeles de mamá en el hospicio y la cuidaron y la amaron como no hubieran podido hacerlo otras tres profesionales. «La vida me pesa mucho en el pecho ahora y ya no puedo soportarlo, por favor, ayúdenme», dijo un día. «Me estoy quedando sin tiempo ni espacio, ¿podrías liberarme, querida, y dejarme ir?».

Ahora, mamá estaba muy cerca de su momento de morir y la mayoría de los días pasaban entre muchos baños, le dábamos vuelta, la manteníamos sin dolor, le poníamos paños fríos en la frente y pedacitos de hielo en los labios y yo dormía con ella todas las noches, abrazadas. Sus ojos permanecían abiertos casi todo el tiempo, y parecía mirar en paz alrededor de toda la habitación. Maureen vino a visitarnos el último día de vida de mamá, dándole permiso para morir y alentándola a ir con Dios a quien tanto amaba. Pareció ser lo que estaba esperando. Para mamá, la seguridad de que su hija mayor estaba en su propia casa por primera vez, segura y cerca de sus hermanas, era de suma importancia.

Cuando morimos, nuestro cuerpo se separa del alma y esta separación es la que la gente te explica en detalles muchas veces, si la escuchas. Esto sucede cuando te dicen que ven ángeles o seres queridos que murieron antes, o que escuchan hermosos coros de voces angelicales. Parecen tener la experiencia de viajar de ida y vuelta entre la tierra y el cielo, y a menudo, se les escucha decir en un susurro: «Estoy en un lugar de espera; es muy bonito. Ya no estoy contigo, pero tampoco estoy en el cielo aún». Si les dices que todo lo que están experimentando es normal y natural en su viaje, dan ese paso final hacia la eternidad que Dios les ha prometido desde el comienzo de los tiempos, libres por completo de temor y en paz.

Eso le sucedió a mamá en ese último día. Mi madre tuvo una profunda devoción por Jesús toda su vida, así que coloqué una estatua de Él junto a su mesa de noche y le repetí las oraciones que ella más amaba. Al darla vuelta de un lado al otro cada hora, solo cambiaba la estatua de izquierda a derecha de su cama, para que ella pudiera verla. No cerró los ojos ni una vez durante ese día final, y yo la alenté a que reclinara su cansada cabeza sobre el corazón de Jesús y que dejara que Él la abrazara, asegurándole que se hallaría cómoda y segura allí y que estaría a salvo con Él en el cielo ese día. Ya era tarde, y Lenora y Joe, que habían pasado la noche con nosotros, se alistaban para regresar a su hogar. Lenora entró en silencio a la habitación de mamá y le dio un suave beso de despedida. Mamá la amaba mucho, y yo estaba agradecida de tenerla aquí conmigo y que fuera la última en darle un beso de despedida a mamá.

Sabía que el tiempo de mamá se acortaba cada vez más, así que me deslicé en la cama junto a ella, la abracé y la atraje cerca de mi corazón. «Ahora te irás al cielo», le dije, «y yo me quedaré contigo hasta que estés segura allí, tal como siempre te lo prometí. Al primero que verás será a papá al frente de la fila. Tendrá un bate de béisbol en las manos para sacar fuera del camino a cualquiera que se interponga, porque ya sabes que nunca quiso que nadie estuviera más cerca de ti que él». Allí acostada muy tranquila, con su cabeza descansando sobre mi pecho, solo sonrió, cerró los ojos y murió. Quedamos así acurrucadas juntas durante un tiempo muy largo. Ahora, ella estaba a salvo en los amorosos brazos del Dios al que había amado y en quien había confiado toda su vida, con su amado John a su lado. No podría haber sido mejor, y estaré por siempre agradecida a ella y a Dios por haberme permitido el honor de amarla hasta el final.

Toda la vida de mamá fue una vida de fe. Esparció por todas partes el don que se le había dado y amó a su Dios de manera más íntima que cualquier otra persona que haya conocido. Lo buscó en todos los espacios dolorosos durante los años de crecimiento y lo reconoció en muchas de las personas a las que Él la envió. A pesar del enorme vacío que dejó en su corazón la muerte de su madre, aprendió a acercarse a otros y a consolar a los que tenían necesidad. Su corazón se enternecía de manera especial delante de los niños que estaban lastimados o perdidos, y siempre corría en auxilio del desamparado o de alguien que estaba asustado ante las circunstancias de la vida. Permitió que la gracia de Dios, que se cruzó en su camino a través de las poderosas oraciones de sus padres, la hiciera crecer hasta llegar a ser la persona que debía ser. Fue una mujer única, y sé que papá está feliz de tenerla de vuelta consigo ahora.

Conclusión

Todos morimos.

Tarde o temprano cada vida que nace, ya sea muy larga o muy corta, termina. Antes de experimentar nuestra propia muerte, es muy probable que cada uno de nosotros esté junto a un ser querido o a un amigo mientras muere. Las historias, las conversaciones y las experiencias que la gente real nos narran nos pintan un cuadro que todos ansiamos comprender y del que deseamos aprender. Al escuchar con atención las historias, la muerte y su proceso se sacan del contexto de lo físico y se traen al contexto de lo espiritual mientras el alma viaja de regreso a su Creador. La mano de Dios puede verse con claridad en cada historia sin importar cuál sea la espiritualidad pasada de la persona o de sus familiares. Él ofrece significado, esperanza, consuelo y comprensión a aquellos cuya vida terrenal llega a su fin. Al final de la vida, muchas veces, la gente explica con voces muy tiernas que todo tiene que ver con el «amor», nada más y nada menos. Son conscientes de la compañía de una presencia amorosa que les permite revisar sus vidas, ver con claridad las oportunidades que se les presentaron y las decisiones que tomaron.

Este tiempo de reflexión del que tanta gente habla, nunca parece ser un tiempo de reproche ni temor, sino más bien una oportunidad de ver y comprender cosas desde la perspectiva de Dios. Al morir, parecen experimentar la perspectiva y la sanidad suprema del amor incondicional de Dios.

Como en todas las experiencias de la vida, existen dos caras de la moneda. Al prepararse para darle la bienvenida a cada uno de sus hijos, Dios les enseña a quienes están alrededor de esa persona las lecciones que sabe que más necesitan aprender. En estas experiencias en común, Dios le enseña a cada uno algo diferente, al cuidar a un ser querido o a un amigo que se está muriendo. Muchas veces, dicen después que sabían que las lecciones provenían de Dios, porque no eran necesariamente las que hubieran elegido para aprender por su cuenta.

Con frecuencia, la gente me ha preguntado: «¿Qué es lo más importante de lo que ha aprendido a lo largo de los treinta y nueve años de cuidar amigos, familiares y pacientes con enfermedades en el período terminal?». Sin vacilación, mi respuesta es y siempre ha sido que Dios ama a cada persona que ha creado, con defectos y todo. Su deseo es que nadie se pierda. Es asombroso ver, tocar y sentir hasta dónde es capaz de llegar para que esto suceda. Esto es palpable en todas las experiencias que Dios les permite tener a sus hijos mientras los prepara para llevarlos al hogar con Él.

La muerte es una parte muy natural de la vida. No es un final, sino un comienzo. Una transición hacia la vida que Dios les ha prometido a todos sus hijos. Quiere que estemos en el hogar con Él cuando terminemos la tarea para la cual nos creó. Él nos ama... créelo.

Trudy Harris, enfermera diplomada, trabajó muchos años como enfermera en una residencia para enfermos terminales, y avanzó hasta convertirse en presidenta de la fundación *Hospice Foundation for Caring*. Durante esos veintidós años, continuó representando el papel de enfermera, tan natural para ella, al ayudar a la gente a entrar en el programa del hospicio cuando sabía que les serviría de ayuda. Al mismo tiempo, Harris asumió funciones adicionales en mercadeo, relaciones públicas, recaudación de fondos y desarrollo, con lo cual juntó más de cuarenta y cinco millones de dólares en contribuciones para el HFC. Estos éxitos le permitieron a la organización establecer una instalación residencial para veinticuatro pacientes y otra para pacientes transitorios dentro de un hospital escuela para veintiocho pacientes, comprar la propiedad para una tercera instalación para el cuidado de pacientes y para crear un instituto de educación a través del cual médicos, enfermeras, trabajadores sociales y otras profesiones médicas reciben preparación a fin de comprender el final de la vida y el cuidado de enfermos terminales. Cuando la contrató el centro para enfermos terminales de su localidad, se atendían de seis a diez pacientes al día, y cuando se jubiló, se atendían novecientos cincuenta pacientes terminales y moribundos al día. Se jubiló con la sensación de que el trabajo para el que Dios la llamó muchos años atrás estaba cumplido. Ahora está jubilada y vive en Jacksonville, Florida, con su esposo, y disfruta de viajar, de estar con amigos y de amar a sus cuatro nietos.

Para mayor información sobre Trudy Harris, y para contarle una historia personal o para comunicarse con la autora a fin de que dé una conferencia, visita

www.glimpsesofheavenbook.com

o envía un correo electrónico a

emailglimpsesofheaven@gmail.com.